Coordenação editorial:
VALÉRIA BOLSONARO

PARA TODAS AS MULHERES DO MUNDO

PRESIDENTE DO CONSELHO
Maurício Sita

PRESIDENTE
Alessandra Ksenhuck

VICE-PRESIDENTES
Cláudia Pires e Julyana Rosa

DIRETORA DE PROJETOS
Gleide Santos

CONSULTORA DE PROJETOS
Daiane Almeida

EDITOR
Anselmo Vasconcelos

ASSISTENTE EDITORIAL
Emerson Xavier

REVISORA
Giovana Mattoso e Renata Campos

CAPA
Gabriel Uchima

DESIGN EDITORIAL E DIAGRAMAÇÃO
Ana Paula Nunes Medeiros

IMPRESSÃO
Printi

Dados Internacionais de Catalogação na Publicação (CIP)
(Câmara Brasileira do Livro, SP, Brasil)

Para todas as mulheres do mundo / coordenação editorial Valéria Bolsonaro. -- São Paulo : Literare Books International, 2025.

Várias autoras.
ISBN 978-85-9455-381-2

1. Empreendedorismo 2. Mulheres empresárias 3. Mulheres - Histórias de vida 4. Resiliência 5. Superação 6. Transformação I. Bolsonaro, Valéria.

25-258833 CDD-338.04092

Índices para catálogo sistemático:

1. Empreendedoras : Histórias de vida 338.04092

Eliete Marques da Silva - Bibliotecária - CRB-8/9380

LITERARE BOOKS INTERNATIONAL LTDA.

Alameda dos Guatás, 102
Vila da Saúde – São Paulo, SP. CEP 04053-040
+55 11 2659-0968 | www.literarebooks.com.br
contato@literarebooks.com.br

FSC www.fsc.org MISTO Papel | Apoiando o manejo florestal responsável FSC® C196274

Coordenação editorial:
VALÉRIA BOLSONARO

PARA TODAS AS MULHERES DO MUNDO

Literare Books
INTERNATIONAL
BRASIL · EUROPA · USA · JAPÃO

SUMÁRIO

PREFÁCIO

Ser mulher é atravessar a vida em constante transformação. É lidar com expectativas, desafios e conquistas em um mundo que, muitas vezes, tenta definir quem devemos ser e como devemos agir. Aqui você é convidada à reflexão e à inspiração ao percorrer histórias de coragem, superação e propósito, narradas por mulheres e homens que reconhecem o valor da trajetória feminina e a importância de um mundo mais justo e equitativo.

Cada capítulo traz um olhar único sobre o que significa ser mulher. São jornadas de dor e de renascimento, de desafios e de vitórias. Mulheres que desafiaram padrões, romperam barreiras e mostraram que vulnerabilidade não é fraqueza – é força e resiliência – é propulsão. É a coragem de ser autêntica, de reconhecer limites e de seguir em frente, mesmo quando tudo parece difícil.

As páginas que seguem não falam apenas de conquistas profissionais, mas também de fé, de recomeços e do impacto da sororidade. Falam sobre aquelas que enfrentaram gigantes, sobre a resiliência que nasce da dor, sobre o empreendedorismo como caminho para a liberdade e sobre a necessidade de apoio e parceria para que mulheres possam crescer e ocupar o espaço que lhes pertence.

E que fique claro: não é sobre chocolates e massagens, mas sim sobre a garra que toda mulher tem para enfrentar a vida, para persistir mesmo quando o mundo tenta impor limites. É sobre a mulher que se reinventa, que transforma desafios em oportunidades e que, com ou sem aplausos, segue firme no seu propósito.

Este livro é para todas as mulheres – e para todos aqueles que acreditam nelas. Que cada história aqui compartilhada seja um impulso para quem precisa dar o primeiro passo, um abraço para quem enfrenta dificuldades e um lembrete de que, juntas, podemos transformar o mundo!

Sara Velloso

CAPÍTULO 01

Para além dos limites

Nascida em Santos em 1969, mudou-se para Campinas em 1985. Em 1987, concluiu o Magistério com especialização em Educação Infantil. Em 1989, finalizou o curso de Ciências Físicas e Biológicas na Pontifícia Universidade Católica de Campinas (PUC-Campinas). Em 1990, passou no concurso público municipal de Campinas como professora de Educação Infantil e Fundamental I. Em 2018, foi eleita deputada estadual por São Paulo, onde iniciou seus trabalhos, majoritariamente sociais, sendo reeleita em 2022. Em 2024, no decorrer de seu segundo mandato, foi convidada pelo Governador do Estado de São Paulo para tomar a frente da Secretaria de Políticas Públicas para a Mulher.

VALÉRIA BOLSONARO

Contatos:

Instagram: @bolsonarovaleria

Facebook: Valéria Bolsonaro

Este capítulo se baseia na trajetória profissional de Valéria Bolsonaro, que foi professora da rede pública de educação, atuando na Educação Infantil, no Fundamental I e no II, na Educação de Jovens e Adultos e na liberdade assistida. Posteriormente, saiu da sala de aula, conquistou dois mandatos de deputada estadual e se tornou Secretária Estadual de Políticas para a Mulher do estado de São Paulo.

I

Tendo trabalhado na rede pública desde nova, nunca imaginei que um dia cogitaria me tornar deputada estadual, e muito menos ser escolhida pelo Governador do Estado de São Paulo para assumir um cargo tão renomado quanto o de Secretária de Estado. Mas a vida tem um jeitinho de nos surpreender a cada contorno, curva, volta e lombada que aparece em nosso caminho nesta vasta estrada que seguimos.

A perspectiva limitada que temos de nós mesmos foi algo que sempre me despertou incômodo. Desde a época em que iniciei na sala de aula, me impressionava a falta de autoconfiança que os alunos demonstravam em si mesmos, tendo eles 85, 16 ou 5 anos. Claro que, quando se é uma professora de regiões periféricas, essa realidade está condicionada a, como citado no clássico de Ariano Suassuna, *O Auto da Compadecida*, "pouco pão e muito suor". Assim, é uma realidade muito difícil de ser transformada, de forma que permita às pessoas compreender que elas não se resumem a sua condição social, muito pelo contrário: elas sempre podem se reinventar e transformar tanto sua condição quanto a daqueles ao seu redor.

E isso foi algo que aprendi durante minha vida inteira. Mesmo com apertos financeiros, altamente ligados à desvalorização do professor no Brasil, sempre busquei me reinventar e ir atrás de novos desafios. Tive barraca de artesanato na feira da cidade, vendi roupas em empresas, abri uma loja, sempre na esperança de uma nova realidade. Claramente, nada disso deu certo, mas olhem aonde podemos chegar se dermos só mais um passo.

Este é meu objetivo com este capítulo: contar para todas as mulheres do mundo a capacidade que temos dentro de nós. A força, a perseverança e a vontade que existem dentro de cada mulher. E despertar a consciência de que não existe esse tal de "sexo frágil" e que somos capazes de muito mais do que imaginamos.

II

No ano de 1985, cheguei a Campinas com a minha família porque meu pai havia conseguido um emprego. Tinha 15 anos, um irmão e duas irmãs, todos mais novos, e vim para cursar o segundo ano do Ensino Médio no curso profissionalizante de Magistério. Durante meus estudos, já tinha obrigações: tinha de dar aulas de reforço escolar de alfabetização para alunos do Fundamental I. Precisava de dinheiro para ajudar meus pais porque a condição financeira da nossa família sempre foi difícil.

Com 17 anos, no último ano do Magistério, eu cumpria o estágio pela manhã, tinha aulas de especialização em Educação Infantil à tarde, e faculdade de Ciências Físicas e Biológicas à noite. Minha vida sempre esteve na correria e no trabalho para ajudar em casa. Meu pai me disse que eu deveria fazer uma faculdade que me permitisse estudar e trabalhar, por isso escolhi a Biologia.

Durante a faculdade, trabalhei um ano e meio como auxiliar administrativo em uma empresa privada na cidade de São Paulo, ao mesmo tempo que dava aulas em Campinas. Depois, prestei um concurso para ser professora da rede municipal de Campinas. Segui carreira dando aulas no estado e na prefeitura.

No meio de tudo isso, me casei, saí de casa, tive minhas filhas e construí minha própria família, sem nunca deixar de ajudar meus pais financeiramente. Afinal, eram meus pais, como poderia não ajudá-los?

Esta parte pode parecer um pouco técnica, ou até fria, mas, como já mencionado, era a perspectiva da minha geração e da minha condição. Tínhamos estes pequenos passos a cumprir: casar, ter filhos, cuidar da família. Na minha situação, eu tinha muitos sonhos, mas muitos limites também, principalmente econômicos.

Era assim que eu podia levar: um dia de cada vez, um desafio de cada vez e um passo de cada vez. Mas nunca deixei de buscar mais, de procurar uma maneira de melhorar. Por isso, após o nascimento de minha segunda filha, em 2002, comecei a levar meus artesanatos para a feirinha da cidade. Não conseguia muita coisa; como meu marido dizia: "Tudo o que conseguia, gastava no almoço". E acredite quando digo que até hoje sou alvo de piadas em minha família pelos meus "famosos" clipes de papel decorados.

Encerradas as atividades na feira, enfrentei um dos momentos mais difíceis da minha vida, quando descobrimos que meu pai estava com câncer. Foi um ano e seis meses de tratamento, e no final ele não resistiu.

Meu pai sempre foi uma pessoa muito complicada de lidar; ele era duro, firme, bravo. Nossos atritos movimentavam a família inteira e o apelido "Seu Ricardo" ainda é muito usado em casa quando alguém se mostra muito teimoso. Ele sempre foi a pessoa com quem mais briguei, mas é a pessoa da qual mais sinto falta. Minha família dizia que brigávamos muito porque éramos muito parecidos, e era muito difícil se olhar no espelho, tanto para ele quanto para mim. Ainda assim, sou muito grata pelo pai que ele foi. Foi com ele que aprendi a ser forte, a ser persistente, a não abaixar minha cabeça mesmo enfrentando a pior das dificuldades.

Tenho certeza de que meu pai nunca imaginou que eu estaria onde estou hoje. Ele gostava muito de política, então, onde quer que ele esteja, espero que saiba que todo meu trabalho, todo meu esforço, é para ele também. Eu amei muito meu pai e espero que ele sinta orgulho da mulher que me tornei.

Com a morte dele, a situação financeira familiar ficou mais difícil. Dessa vez, fui buscar, com minha irmã mais nova e minha mãe, uma forma de melhorar nossa condição financeira. Começamos vendendo roupas em empresas e mais tarde abrimos uma loja em sociedade.

Logicamente, a loja deu muito errado. Não tínhamos conhecimento em vendas, minha experiência na feira da cidade não rendeu, colocamos a loja no lugar errado, não tínhamos nenhum método de divulgação ou qualquer preparo para o comércio. E foi assim que finalmente percebi que o empreendedorismo não era meu forte. Foi uma jornada difícil, mas sobrevivemos.

Assim, continuei dando aulas, meu marido trabalhava como engenheiro, tínhamos duas filhas que cresciam lindamente, e, graças a Deus, pudemos colocá-las em ótimas escolas. Tudo estava bem. Em 2008, voltei a trabalhar em três períodos, para realizar o desejo de fazer uma festa de 15 anos para minha filha mais velha. Eu tenho muito orgulho de ter conseguido, porque também foi a realização do sonho de uma mãe que queria muito, mas não pôde ter essa festa. Pode até parecer algo pequeno, mas para nós foi muito significativo.

Esse período me mostrou que eu poderia conquistar ainda mais sonhos e objetivos. Assim, em 2012, realizamos nossa primeira viagem internacional. Eu e minhas filhas finalmente conhecemos a Disney; nunca achei que no auge dos meus 43 anos poderia me sentir como uma criança novamente, e minhas filhas nunca entenderam por que abracei o Mickey com tanta força. Mas, quando se realiza um sonho que antes era tão distante da sua realidade, você quer fazer cada minuto virar uma hora, só para poder viver naquele momento por mais tempo.

III

A educação é a base de qualquer sistema. Foi isso que sempre tive em mente todos os dias em que acordava de manhã para trabalhar. Como professora, vi de tudo. Trabalhando em regiões de alta vulnerabilidade, vi muito mais. A sala de aula é uma das maiores entradas de reconhecimento da violência doméstica e negligência familiar. É por meio do comportamento das crianças que nós, professores, podemos perceber e identificar esses sinais.

Um dos casos mais impactantes que já presenciei foi na Educação Infantil. Tínhamos o costume de receber todas as crianças na porta pela manhã. Os pais vinham, as deixavam conosco e, por ser período integral, vinham buscá-las no fim da tarde. Quando essa garotinha em particular chegou, me chamou a atenção o fato de sua mãe estar usando um lenço na cabeça. Só consegui imaginar que ou ela estava doente e fazendo tratamento, ou algo de mais grave havia acontecido, pois há muito tempo eu tinha percebido que o comportamento de sua filha estava diferente: ela se mostrava mais reclusa, recorrendo a respostas mais agressivas, como morder ou bater seus colegas.

Preocupada com o que essa situação poderia representar para essa garotinha, na hora da brincadeira, percebi que ela estava sozinha brincando de cozinha com o forninho. Sentei-me ao seu lado e comecei a conversar. Contei a ela que minhas filhas também gostavam de brincar de cozinha, dando a ela espaço para se abrir, de forma que não se sentisse pressionada ou acuada. Finalmente, ela se sentiu confortável o suficiente para me dizer: "A mamãe veio de lencinho hoje porque o papai cortou o cabelinho dela com a faca, e não sobrou nem um fiozinho. Mas, tudo bem, porque o papai falou que cresce tudo de novo". Acionei o Conselho Tutelar imediatamente.

A sensação de impotência é algo que já senti muitas vezes em minha vida. E muitas crianças passavam por situações muito difíceis. Uma criança de dois anos e meio, sobrevivendo por ela mesma, vendo sua mãe ser vítima do pai e achando que aquela realidade era normal.

E ela não era a única. Muitos dos meus alunos enfrentavam essas dificuldades. Crianças que tinham de sobreviver diante do pior que existe dentro do ser humano.

Outro caso muito difícil de administrar foi o de um menino, também da Educação Infantil, que tinha visto seu próprio irmão levar cinco tiros nas costas enquanto pulava o muro para chegar em casa, fugindo do padrasto de sua namorada. Depois da investigação, descobriu-se que o padrasto da menina não queria que ela namorasse ninguém porque ele estava abusando dela. Quando esse homem encontrou o irmão do meu aluno na casa dele, o perseguiu com a arma e o matou antes que conseguisse chegar em casa, na frente de seu irmão mais novo e de sua mãe. Ele tinha 15 anos.

O trauma que isso gera em uma criança é simplesmente indescritível. Novamente me senti impotente. O que eu poderia fazer?

Eu sempre disse que, mais difícil que lidar com as crianças, era lidar com seus pais. Essa frase se provou verdadeira diversas vezes. Mas o mais difícil foi quando essa negligência com a escola acabou se refletindo na minha saúde mental.

Em 2014, enfrentei um dos períodos mais difíceis da minha vida. Um período que também acabou afetando minha família. Eu estava com as crianças no parquinho da escola, brincando com duas que estavam apoiadas nas minhas pernas. E estava observando outra criança, uma menininha, brincando em um escorregador bem baixinho. Tudo ia bem quando, de repente, ela caiu.

Corri até onde ela estava, nos colchões que forravam o chão, e a segurei em meus braços. Seus olhos se reviraram, sua boca estava roxa, ela tremia da cabeça aos pés. Estava completamente desfalecida.

Chamamos o Resgate, acionamos os pais, a acompanhamos para o hospital, fizemos todo o procedimento. Eu fiquei lá, ao lado dela o tempo todo, para ter certeza de que não tinha perdido uma criança. Que eu não teria que falar para os pais de uma bebê que ela não voltaria para casa.

O pânico é paralisante. E era assim que eu me sentia, paralisada. Eu estava presa naquele momento. E ele repassava em minha cabeça como um filme.

Recebemos a primeira notícia no final do dia: ela estava bem. Como o escorregador não tinha altura para que ela tivesse sofrido uma queda fatal, perguntaram aos pais se a criança já tinha histórico de convulsão. Essa foi uma informação que sua mãe já possuía, mas escolheu não compartilhar, por medo de a escola não aceitar sua filha.

Para mim, foi completamente absurdo. A justificativa, a situação, o posicionamento da mãe, tudo. Eu não tinha palavras naquele momento para expressar o que estava sentindo. Eu só estava incrédula.

Fui para casa, abracei minha família, e logo depois meus ataques de pânico começaram. Meu corpo parecia se revoltar contra mim mesma. Eu tremia da cabeça aos pés, continuamente. Por dias. Sem parar. Os médicos chamaram de transtorno do estresse pós-traumático, e fui submetida a seis meses de tratamento psiquiátrico e medicações. Fui completamente afastada das salas de aula, e passei um ano me cuidando para conseguir retornar ao trabalho.

Foi assustador. Nenhuma outra palavra pode explicar melhor. Simplesmente assustador o que o pânico fez comigo. E o que me doía mais era ver a maneira como minhas filhas olhavam para mim. Minha família me deu todo o apoio, não tenho do que reclamar, mas todos os dias minhas filhas me viam de manhã e colocavam as mãos na minha barriga, para conferir se os espasmos da tremedeira, que permaneceram por um ano na região abdominal do meu corpo, ainda estavam lá.

Demorei um ano e meio para conseguir retornar à sala de aula completamente. Mas não era mais a mesma. As crianças e os adolescentes não eram mais os mesmos. O sistema já não era mais o mesmo.

Em 2016, cheguei ao meu limite. Já estava bastante desgastada com todo o sistema educacional, a falta de apoio dentro da sala de aula, a escassa preocupação com a saúde mental dos professores, a falta de parceria entre as famílias e os docentes. Realmente uma realidade que se mostrava além das minhas forças. Foi assim que decidi que meu tempo de sala de aula havia chegado ao fim.

Pouco tempo depois, fui convidada para ser vereadora em Campinas. Aceitei o desafio, pois vislumbrei uma alternativa para uma mudança de perspectiva.

IV

E foi assim que ingressei na carreira política. Com o sobrenome Bolsonaro, adquirido pelo casamento em 1992, meu perfil na rede social chamou a atenção de um partido político, que me convidou para concorrer à vereança. Eu não consegui ser vereadora, mas dois anos depois, em 2018, me candidatei a deputada estadual por São Paulo e ganhei.

Quando saiu o resultado, estava em casa com toda a minha família. Minha mãe, minhas irmãs, sobrinhas. Assim que soube que estava eleita, me recostei sobre a parede e escorreguei até me sentar no chão. Era inacreditável. Eu tinha ganhado. Meu marido se agachou na minha frente e perguntou, rindo: “Não era isso que você queria? Agora você conseguiu!” E assim começou. Assim me tornei quem eu sou hoje.

Minha maior realização política foi perceber que todas essas experiências, todo esse conhecimento que tirei de dentro da sala de aula, me ajudaram a decidir que tipo de política eu queria ser. Que tipo de mulher eu queria ser. E nada me traz mais gratidão que ter recebido de Deus o poder ajudar uma quantidade imensa de pessoas.

A educação é e sempre será a base de um sistema. Hoje, na política, com o conhecimento que tenho sobre como funciona uma sala de aula, posso levar exatamente o que as crianças precisam, sejam elas crianças especiais, sejam vítimas de violência doméstica.

Não só isso, mas como Secretária Estadual de Políticas para a Mulher, cargo que me foi confiado pelo Governador do Estado de São Paulo, posso trabalhar ativamente na raiz do problema. Ao proporcionar medidas de proteção às mulheres vítimas de violência, posso ajudar a quebrar esse ciclo e proteger não só a mulher, mas também seus filhos.

Nunca achei que minha vida fosse dar uma volta tão grande, mas hoje sei que Deus fez tudo acontecer exatamente da maneira que precisava ter acontecido, me dando a chance de auxiliar e transformar muitas vidas. Não me leve a mal: eu sempre tive um carinho enorme por minhas turmas. Tive alunos dos quais ainda me lembro até hoje, alunos que gostaria de encontrar novamente e saber se conseguiram realizar seus sonhos, alunos que se perderam para a violência e até para a morte. A vida pode ser surpreendente, mas também é cruel. Nunca sabemos qual curva é a certa para virar; temos que arriscar. Eu amei ser professora e sei que tudo que passei, tudo que tive de enfrentar, foi mera preparação. Eram as experiências de que eu precisava para chegar aonde cheguei. Era a bagagem, a credibilidade que me permitiria superar todas as dificuldades e conquistar meu lugar.

E, hoje, eu conquistei. Sei que ainda tenho um longo caminho para percorrer, e muitas coisas podem acontecer. Mas, hoje, sei que, não importa o que esteja pela frente, eu tenho a força de que preciso para enfrentar. E você também tem. Nós, todas nós, mulheres deste mundo, carregamos uma força maior do que podemos imaginar.

REFERÊNCIAS

O AUTO DA COMPADECIDA. Direção: Guel Arraes. Rio de Janeiro: Globo Filmes e Lereby Produções. 2000.

CAPÍTULO 02

A liberdade de escolher no seu tempo

Médica ginecologista e especialista em Reprodução Humana pela Universidade Federal de São Paulo (Unifesp). Sócia-fundadora da GAVVA Clínica, dedica-se ao cuidado integral da saúde feminina, guiando mulheres em temas como autonomia reprodutiva, fertilidade e planejamento familiar. Além de sua prática clínica, atua como professora e mentora na formação de novos médicos, inspirando o olhar humano aliado à ciência. Comunicadora em saúde, busca ampliar o acesso à informação de qualidade, descomplicando temas complexos e empoderando mulheres em decisões conscientes sobre seus corpos e suas vidas. Em cada consulta, aula ou conteúdo que compartilha, une acolhimento e embasamento científico, acreditando que informação é autonomia e conhecimento é poder.

DRA. AMANDA LINO

Contatos:

dra.amandalino@gmail.com

Instagram: @draamandalino/@gavva.clinica

Este capítulo é um convite à reflexão sobre a jornada de ser mulher em um mundo em constante transformação. Com um olhar profundo sobre os desafios da autonomia feminina, a autora, médica especialista em Reprodução Assistida, aborda o impacto das expectativas sociais sobre a saúde feminina e discute como criar um ambiente em que cada mulher possa escolher o que significa viver plenamente.

Se você tivesse a oportunidade de dizer algo para todas as mulheres do mundo, o que você diria?

Essa pergunta ressoou dentro de mim nos últimos meses. Desde o momento em que fui convidada a escrever este capítulo, ela tem me acompanhado como uma provocação. Sou médica, ginecologista e especialista em Reprodução Assistida. Todos os dias, sento-me diante de mulheres que carregam histórias únicas, mas que, ao mesmo tempo, refletem dilemas que atravessam gerações: o conflito entre o que se espera delas e o que elas esperam de si mesmas.

Se engravidamos cedo, somos acusadas de renunciar às nossas ambições. Se esperamos demais, ouvimos que fomos imprudentes com o tempo. A mulher moderna vive entre duas pressões contraditórias: fazer tudo e fazer no tempo certo – um tempo que raramente é, de fato, nosso.

Nas consultas, ouço relatos de sonhos interrompidos, de escolhas julgadas, de corpos que ora são templos sagrados, ora espaços de controle alheio. Há algo de profundamente contraditório em ser mulher. Somos reverenciadas como símbolos de criação, mas frequentemente nos é negada a liberdade de criar nossas próprias narrativas.

É nessa encruzilhada entre biologia e sociedade que a autonomia feminina precisa ser discutida. Porque falar sobre liberdade de escolha é, acima de tudo, falar sobre como queremos viver.

O RELÓGIO BIOLÓGICO E A VERDADE SOBRE O TEMPO

Um dos grandes paradoxos do corpo feminino é o relógio biológico. Desde cedo, aprendemos que há um "prazo de validade" para nossa fertilidade. Mas o que isso significa na prática?

Todas nós nascemos com um número limitado de óvulos, algo entre 1 e 2 milhões. Costumo dizer que nosso corpo funciona como uma loja de roupas. A cada mês, retiramos cerca de mil óvulos do estoque e colocamos na vitrine, para que o organismo selecione apenas um para ser ovulado. O restante? Inevitavelmente descartado, mês a mês.

O que torna essa realidade ainda mais impactante é o fato de que, após o nascimento, não temos a capacidade de produzir novos óvulos. Esse estoque, finito e precioso, vai sendo gradualmente consumido até o esgotamento total, culminando na menopausa, quando a fertilidade chega ao fim.

Além da quantidade, os óvulos passam por um processo natural de envelhecimento e sua qualidade também diminui com o passar dos anos. Após os 35 anos, a reserva ovariana já apresenta uma queda significativa e, após os 40, essa perda se acentua drasticamente, resultando em menor probabilidade de gestação natural e maior risco de complicações, como abortamentos e alterações cromossômicas.

É cruel, eu sei. Nossos ovários não acompanharam a queima dos sutiãs. No entanto, compreender o relógio biológico é fundamental para navegar escolhas conscientes sobre maternidade, especialmente em um mundo onde o adiamento da gravidez se tornou uma realidade crescente.

No Brasil, a idade média para a gestação do primeiro filho já ultrapassa os 30 anos em muitas regiões urbanas. Em países como os Estados Unidos e a Inglaterra, a maternidade após os 35 anos é cada vez mais comum.

Mas o que está por trás desse adiamento? Para muitas mulheres, é uma decisão consciente: construir uma carreira, alcançar estabilidade financeira ou simplesmente desejar mais tempo para si mesmas. Para outras, é uma imposição das circunstâncias – relacionamentos que terminaram, sonhos adiados ou mesmo a ausência de um parceiro ideal.

Nesse cenário, em que a biologia se impõe com tanta força, será mesmo que temos liberdade de escolha?

Felizmente, a medicina evoluiu a ponto de oferecer alternativas para lidar com os desafios do relógio biológico. Uma dessas ferramentas é o congelamento de óvulos, um procedimento que permite preservar a fertilidade em uma fase mais jovem, quando a qualidade dos óvulos ainda é alta, ampliando as chances de uma gestação futura. Essa possibilidade não elimina os desafios, mas amplia as opções, permitindo que cada mulher planeje sua maternidade de forma mais alinhada ao seu contexto de vida e às suas escolhas pessoais.

INFERTILIDADE: UMA FERIDA SILENCIOSA

Quando a decisão de ser mãe é tomada, o caminho nem sempre é simples. A infertilidade afeta cerca de 15% dos casais em idade reprodutiva, mas raramente é discutida de forma aberta. Talvez porque seu impacto vá além do físico. Ela questiona identidades, abala relações, desperta sentimentos de inadequação e isola.

Uma paciente, após anos de tentativas frustradas, me disse: "Meu corpo me traiu". Essa frase ecoa em mim até hoje. Outras mulheres, em silêncio, enfrentam perdas gestacionais, carregando um luto que nossa sociedade raramente reconhece.

A perda gestacional, ou aborto espontâneo, afeta aproximadamente 20% das gestações, com a incidência aumentando significativamente a partir dos 35 anos. Esse luto, muitas vezes invisível e silenciado, carrega um peso imenso, pois a sociedade tende a minimizar a dor envolvida, como se apenas o nascimento de uma vida plena merecesse ser reconhecido. Além disso, enquanto enfrentam seus próprios desafios, muitas mulheres ainda precisam lidar com as perguntas invasivas, as expectativas externas e o olhar alheio, que insiste em romantizar a maternidade como destino inquestionável.

O que poucas pessoas sabem é que a infertilidade tem diversas causas. Embora culturalmente o peso da dificuldade em engravidar recaia sobre as mulheres, em aproximadamente 50% dos casos existe um fator masculino associado. Condições como varicocele (varizes nos testículos) e alterações no número e na qualidade dos espermatozoides afetam significativamente a fertilidade. Já entre as mulheres, as causas mais comuns são condições como endometriose, síndrome dos ovários policísticos (SOP), alterações hormonais e problemas nas trompas.

A boa notícia é que vivemos em uma era de possibilidades. A ciência avançou de forma impressionante e, hoje, ferramentas como a fertilização in vitro (FIV), a análise genética de embriões e a recepção de óvulos oferecem uma nova chance para quem enfrenta desafios reprodutivos.

BIOLOGIA E LIBERDADE: O CORPO COMO ESPAÇO DE ESCOLHAS

A medicina tem avançado, é verdade. Hoje podemos congelar óvulos, fertilizar vidas em laboratórios e contornar barreiras que antes eram intransponíveis. Mas, com todo avanço, também surge a pergunta: será que estamos sendo verdadeiramente livres?

A biologia nos presenteou com a capacidade de gerar vidas. Mas ela também trouxe desafios: relógios biológicos que não esperam, ciclos mensais que nos lembram da passagem do tempo e, para muitas, um desejo profundo que não encontra resposta na realidade de seus corpos.

Liberdade reprodutiva não é só uma questão de acesso à tecnologia. É a capacidade de decidir – sem culpa, sem imposição, sem expectativas externas. É escolher se queremos ser mães, quando queremos ser mães e como queremos exercer essa maternidade. Também é dizer não à maternidade sem que isso seja visto como uma rejeição à própria essência de ser mulher.

MATERNIDADE: UM DESEJO OU UMA IMPOSIÇÃO?

Maternidade. Poucas palavras carregam tantos significados e tanto peso. Para algumas, ela é um sonho dourado; para outras, uma angústia que pesa. Há aquelas que a veem como o ápice de sua realização pessoal e aquelas que a encaram como um desvio do caminho que desejavam trilhar. Ambas estão certas, porque a maternidade não deveria ser uma sentença universal.

No entanto, vivemos em uma sociedade que romantiza esse papel, ao mesmo tempo que o carrega de julgamentos. Mães solteiras são criticadas pela "falta de estrutura"; mulheres sem filhos são vistas como incompletas. As mães que trabalham muito são questionadas por "não estarem presentes"; as que ficam em casa são acusadas de "não contribuírem o suficiente". É um jogo que nunca se vence.

Fomos educadas a acreditar que precisamos dar conta de tudo – trabalho, casa, filhos, amigos, nossos corpos... A perfeição virou moeda de troca e a falha, um tabu. Mas o que aconteceria se simplesmente disséssemos: "Não quero tudo, só quero o que faz sentido para mim"?

Talvez seja exatamente aí que comece a verdadeira liberdade – e foi essa reflexão que me trouxe até aqui.

O QUE SIGNIFICA VIVER PLENAMENTE?

No fim, a verdadeira liberdade está em reconhecer que não existe um caminho único ou uma definição universal do que é ser mulher. É nesse espaço de possibilidades que nasce a coragem de questionar, de escolher e de contar a própria história.

Escrever este capítulo me fez refletir sobre a pergunta que o inicia: "O que você diria para todas as mulheres do mundo?". Eu diria que nenhuma de nós está sozinha. Diria que a maternidade pode ser vivida ou rejeitada sem que isso determine nossa existência. Que nosso valor não está em nossa capacidade de gerar, mas em nossa capacidade de escolher. Diria que o relógio biológico é uma verdade, mas que ele não define quem somos. Que nossas vidas não precisam caber em prazos estabelecidos por outros. Que podemos, sim, questionar, adiar, desistir ou insistir.

Para todas as mulheres do mundo e, talvez um dia, para a minha filha, desejo que seu valor jamais seja medido pelo que o mundo espera, mas pela força de viver com verdade, plenitude e em sintonia com seus próprios desejos.

CAPÍTULO 03

Jornada da vida

Pós-graduado em Ciências Contábeis pela Universidade Federal do Rio Grande do Sul (UFRGS) e professor de Contabilidade Bancária na Universidade do Meio-oeste Catarinense (Unimoc). Corretor de seguros e imobiliário. CEO do Grupo MNGT, do qual fazem parte: A10 Logística, Gabel Corretora de Seguros, Centro Logístico/Industrial Rio Claro, Mais Armazém, Área Incrível (Incorporadora), Lar Incrível (Construtora), Energia Amiga (geração de energia limpa) e Lightwall, empresa que está revolucionando a construção civil no Brasil. Em parceria com o escritor Ziraldo, criou importantes projetos sociais dentro do programa da Organização das Nações Unidas (ONU) denominado 8 Jeitos de Mudar o Mundo, hoje conhecido como 17 Objetivos de Desenvolvimento Sustentável (ODS). Os projetos foram amplamente reconhecidos pela mídia nacional. Construiu o maior galpão do mundo com mais de mil contêineres recicláveis, tornando-se case mundial para embarcadores. Recebeu título de Cidadão Rioclarense e foi escolhido como Empresário do Ano 2024 pelo Centro das Indústrias do Estado de São Paulo (Ciesp).

BELMIR MENEGATTI

Contatos:

grupomngt.com.br
belmir@grupomngt.com.br
Instagram: @Belmir.mngt

Este capítulo resume minha jornada da vida, agora já aos 60 anos, e os erros que me levaram a aprender lições e a viver experiências. A vida bateu duro em mim. Mas o quanto aguentei apanhar é o que me fez ser forte. Os tempos difíceis me fizeram um homem forte, resiliente e, hoje, um empreendedor que deixa legados não só em negócios, mas em ações na direção de um mundo melhor.

Ser um empreendedor é executar os sonhos, mesmo que haja riscos. É enfrentar os problemas, mesmo não tendo forças. É caminhar por lugares desconhecidos, mesmo sem bússola. É tomar atitudes que ninguém tomou. É ter consciência de que quem vence sem obstáculos triunfa sem glória.

Augusto Cury

Com a necessidade de ajudar no sustento da família, tornei-me empreendedor. Comecei a trabalhar aos seis anos, como vendedor de doces na rua. Se fosse hoje, certamente meus pais teriam problemas com a Justiça.

Ainda criança, além de *office-boy*, comprava e vendia queijos. Já adolescente, como gostava de estudar, prestei concurso e fui aprovado em primeiro lugar para, à época, o emprego dos sonhos de muitos brasileiros: ser funcionário do Banco do Brasil. Mesmo com altos salários e status, o banco só me exigia seis horas de trabalho por dia. Dessa forma, também trabalhava em outra empresa e estudava à noite. Desde cedo, nunca permaneci na zona de conforto. Até porque na zona de conforto não há crescimento.

Passados 13 anos, mesmo contra as rígidas normas do banco, prestei concurso para corretor de seguros. Mas, junto com a aprovação em primeiro lugar, veio um processo administrativo para ser demitido, por justa causa, por quebrar regras.

Sem emprego, fundei a Gabel Seguros. Mas fui apenas o fundador porque, logo depois, vi que não era o que me motivava no dia a dia. Convidei minha esposa, Marines, então vendedora de carros, para seguir com a corretora. Em novembro de 2024, a Gabel fez 30 anos, atendendo com excelência mais de 10 mil clientes, tornando-se referência no mercado. Mérito meu? Claro que não! Cem por cento mérito de minha esposa.

E eu, o que fiz? Fundei uma empresa na área de cestas de alimentos. O segmento me motivava. Era momento de liderar e inspirar pessoas, mas também de praticar um propósito de vida: ajudar a melhorar o mundo.

Impactamos gente e levamos a empresa a figurar na revista *Exame*, por quatro anos consecutivos, entre as melhores empresas para trabalhar no Brasil. Foram momentos tão marcantes que, 20 anos depois, até hoje são motivo de orgulho de muitos que por lá passaram. Recentemente, fui surpreendido por um ex-colaborador, André Fuzaro, que lá trabalhou há mais de 20 anos. Surpreendido porque, no meio da visita, ele simplesmente tirou de um envelope um diploma de curso superior que, à época, eu havia patrocinado, pedindo-me para assinar no verso do diploma. Não tive como conter as emoções. Momentos como esse nos dão a certeza de que estamos no caminho certo. Hoje, André é um executivo de sucesso, com passagens por grandes empresas, e afirma que aquela faculdade fez diferença na sua jornada da vida.

Fatos como esse me convencem de que nunca sabemos exatamente o que nossas ações provocam na vida das pessoas, mas o que realmente importa é que elas saberão.

8 JEITOS DE MUDAR O MUNDO

Mas, ainda relembrando 20 anos atrás, foi em uma visita a um cliente que deparei com um outdoor, que me fez parar e pensar por alguns minutos. Lá estava o impactante logo de um programa da Organização das Nações Unidas (ONU) denominado "8 Jeitos de Mudar o Mundo", hoje conhecido como "17 Objetivos de Desenvolvimento Sustentável" (ODS). Após ler cada um dos "8 Jeitos", rapidamente concluí que era preciso fazer algo para contribuir com esses objetivos. E os que mais me impactaram naquele momento foram o Segundo Jeito, "Educação Básica de Qualidade para Todos", e o Sétimo Jeito, "Qualidade de Vida e Respeito ao Meio Ambiente". À época, trabalhávamos com cestas de alimentos. Muito embora nosso produto contribuísse com o Primeiro Jeito, "Acabar com a fome e a miséria", não era isso que me chamava a atenção.

Pensei: e se colocássemos um livro dentro de cada cesta de alimentos, com o objetivo de estimular a leitura das crianças? E se colocássemos um sachê com sementes de árvores dentro de cada cesta de alimentos para que a família plantasse em algum lugar?

A dúvida permaneceu por pouco tempo. Criamos o projeto social "Por Um Mundo Melhor". Não é demais relembrar que, há mais de 20 anos, ao contrário de hoje, pouco se falava em projetos com o tema "Por Um Mundo Melhor". E é fácil verificar que, na ciranda abaixo, estão representados os "8 Jeitos de Mudar o Mundo".

Mas, para que o projeto social recebesse a devida importância, era preciso a assinatura de alguém com muita credibilidade. Não foi difícil lembrar do saudoso Ziraldo, criador do Menino Maluquinho. Para minha surpresa, ao recebermos a visita de Ziraldo em nossa empresa, ele me confessou que tinha um sonho: fazer o Menino Maluquinho chegar à mesa da dona de casa. E que Deus tinha me colocado no caminho dele.

Para nos presentear pela iniciativa do projeto social, Ziraldo escreveu, pela primeira vez, um título que instigava a memória dos leitores: *O segredo da panela na cabeça do Menino Maluquinho*. Na obra, Ziraldo revelou o porquê da panela na cabeça do famoso personagem.

O projeto foi tão bem-sucedido, que era preciso fazer mais. Foi aí que pedimos ao Ziraldo para escrever outro título com nosso briefing. Precisávamos ensinar as crianças a se protegerem ao acessarem a internet, principalmente contra a pedofilia. E foi ali que Ziraldo nos deu o segundo presente, *A internet segura do Menino Maluquinho.*

Imprimimos mais de 1.300.000 livros entre os dois títulos e os distribuímos dentro de cestas de alimentos pelo Brasil inteiro. Foi um sucesso nacional.

Mas ainda faltava algo para completar esse projeto social: trabalhar o Sétimo Jeito, "Qualidade de Vida e Respeito ao Meio Ambiente". Entrei em contato com a Embrapa Florestas, que certificou mais de 15 milhões de sementes da árvore nativa chamada bracatinga, que é capaz de germinar em qualquer região do Brasil. Embalamos essas sementes em sachês e, juntamente com o livro do Menino Maluquinho, as colocávamos dentro das cestas de alimentos distribuídas pelo Brasil inteiro. O projeto foi tão impactante, que teve grande destaque na mídia, com diversas entrevistas de Ziraldo. Em uma delas, na capa da *Folha de S. Paulo*, Ziraldo disparou a célebre frase: "Livro: alimento da alma". E a então Ministra do Meio Ambiente, Marina Silva, na sua primeira passagem pelo Governo Federal, enviou uma mensagem parabenizando-nos pela maior distribuição de sementes de árvores da história do Brasil.

FAZENDO DIFERENTE EM MERCADOS EXISTENTES

Como mencionei no início, a vida bateu duro em mim. E o fracasso veio, por mais de uma vez. Infelizmente, empreender tem sempre suas doses de mistérios. Estamos sempre expostos a variáveis que nem sempre controlamos.

Mas desistir nunca passou pela minha cabeça. Era hora de recomeçar em mercados existentes, mas com o propósito de fazer algo diferente.

Ter sucesso significa enfrentar um fracasso atrás do outro sem perder o entusiasmo.

Winston Churchill

Começando pequeno, mas focado em qualidade e serviços diferenciados, criei um centro logístico/industrial em Rio Claro (SP). Hoje, somos o maior do interior do estado, com clientes renomados que nos orgulham pela preferência. Mas não é só pelo tamanho e pelos serviços diferenciados que somos reconhecidos. Nesse local construímos, de forma pioneira, o maior galpão do mundo feito com mais de mil contêineres reciclados. O que era um problema ambiental virou uma solução que economizou cerca de 30 mil toneladas de carbono no meio ambiente, projeto copiado para ser replicado em outros países.

Nessa mesma cidade, há poucos anos, iniciamos no segmento de empreendimentos imobiliários. Mas, novamente, não abrimos mão de fazer algo diferente. Sempre sonhei que era possível, sim, fazer com que um público do Minha Casa, Minha Vida pudesse morar em um condomínio fechado de casas. Isso era bem diferente de se sujeitar a apartamentos que, muitas vezes, não atendem às necessidades dos clientes e ou ter de morar em loteamentos sem o mínimo de segurança. Por se tratar de Rio Claro, local onde terrenos têm preços bem acima da média, executar meu sonho era um grande desafio.

Dessa forma, era preciso inovação para o projeto ficar de pé. Era preciso estudar e testar tudo o que existia no mercado de construção civil. Feito isso, chegamos à conclusão de que a conta não fechava. Mas como desistir não faz parte de nosso pensamento, e com a chegada de meus dois filhos para trabalhar comigo, fomos várias vezes à China buscar alternativas para continuar realizando sonhos. Voltamos de lá com mais uma solução pioneira na América Latina: adquirimos uma impressora de casas em 3D. Tudo parecia dar certo para começarmos a construir as casas em nossos condomínios fechados. Mas, novamente, houve adversidades no caminho de um empreendedor. Se tudo desse certo, para usar essa impressora no Brasil, levaria mais de um ano para a normatização. E eu me recusava a construir casas da maneira como se faz há cerca de cem anos, com falta de mão de obra, excesso de desperdícios etc.

Assim, era necessário buscar alternativas que atendessem ao nosso propósito: construir casas com tecnologia diferenciada e benefícios que os métodos atuais não têm. Mas não era só isso. Queríamos incluir a mulher, dona de casa, como mão de obra na construção, durante apenas um período da manhã ou à tarde, para que, no restante do dia, ela pudesse cuidar da família. Para isso, respeitando a condição física da mulher, nosso produto para a construção das casas não poderia exigir dela esforço semelhante ao dos homens. Então, tínhamos mais um desafio a ser vencido.

Há cerca de dois anos, foi em uma feira em São Paulo que encontramos o produto que atenderia ao nosso propósito na construção das casas em condomínios fechados, voltados para uma classe mais necessitada.

Os painéis de concreto leve da empresa Lightwall acabaram nos presenteando com mais do que esperávamos: 100% normatizados, com todas as Normas Brasileiras Regulamentadoras (NBRs) exigidas pelo mercado, já homologados para financiamento pela Caixa Econômica Federal, eram cinco vezes mais leves e mais rápidos que a construção tradicional, com propriedades acústicas, térmicas, impermeáveis e ainda resistiam a duas horas de fogo. Realmente, uma inovação para revolucionar a construção civil.

Estávamos seguros de que esta era a solução para concretizar nossos sonhos de inclusão da mulher na construção civil: construir casas com qualidade e tempo de entrega diferenciados, ainda permitindo que essas pessoas com poder aquisitivo menor pudessem comprá-las. E o mais incrível aconteceu: visitamos os fundadores da Lightwall Brasil como possível cliente e saímos de lá como sócios. Concretizou-se, ali, mais uma empresa que passou a fazer parte do Grupo MNGT.

As construções começaram e achamos que iríamos construir casas. Contudo, hoje percebemos que estamos entregando mudança de vida. Sonhamos que mais e mais pessoas no mundo possam viver em casas de baixo carbono, energeticamente eficientes e ecologicamente corretas, pois, a cada painel de Lightwall produzido, deixa-se de cortar uma árvore.

Muitos imaginam que as empresas e inovações bem-sucedidas são produtos da sorte. Isso é um equívoco. Durante esses mais de 20 anos, coletei evidências que demonstram que investir tempo, energia, estudo e muito trabalho criam vantagens competitivas que encantam clientes. Assim, deixo os outros pensarem que tudo foi sorte. Obrigado ao Centro das Indústrias do Estado de São Paulo (Ciesp), que, recentemente, na comemoração aos seus 75 anos, desconsiderou minha sorte e me escolheu como Empresário do Ano de 2024.

Finalmente, aos que querem empreender, algumas dicas:

- Cuidar do corpo, da mente e do espírito.
- Levantar-se cedo, dormir tarde, trabalhar muito.
- Colocar a mão na massa: não dá para liderar bem se não souber e estudar sobre o negócio.
- O líder lidera pelo exemplo e busca inovação o tempo todo.
- Compartilhar conhecimento e sempre estar insatisfeito, pois sempre dá para melhorar algo.
- Manter o foco, criar valor ao negócio e visitar seus concorrentes.
- Surpreender o cliente criando necessidades que ele ainda não tem.
- Simplificar processos, pois tempo é dinheiro, e fugir dos pessimistas.
- Não ter medo de errar, mas errar sempre em coisas diferentes.
- Fazer o que você gosta ou aprender a amar o que você não gosta – aí vira diversão.
- Ser persistente e teimoso, mas flexível o suficiente para mudar de ideia.
- Andar com gente boa e preocupar-se somente com o que está sob seu controle.
- Cuidar de seu fluxo de caixa pessoal e profissional.
- Ter metas pessoais e profissionais, cerca de três de cada, para manter o foco.
- Se quiser resultados diferentes, não faça as mesmas coisas.

- Não tentar ser o que você não é; busque algo que tenha a ver com você.
- Sair da zona de conforto, pois o ser humano só se desenvolve quando sai dela.
- Ter fé, independentemente de sua religião, e acreditar nos seus sonhos.
- Escolher algo diferente para agradecer todos os dias, pois gratidão traz felicidade e a felicidade é fundamental para seu sucesso.

CAPÍTULO 04

Dominando o jogo da própria vida

Nasceu em 1987 e é natural de Fortaleza/CE. É casada e mãe de três filhos: Isabella, de sete anos, Matteo, de cinco, e Martina, de três. Formada em Administração de Empresas pela Fundação Getulio Vargas, trilhou sua carreira no mercado financeiro, atuando por mais de 15 anos na divisão de *Investment Banking*, segmento que se concentra em assessorar empresas e governos na captação de recursos e aconselhamento estratégico para uma variedade de transações financeiras complexas, como reestruturações societárias, *Initial Public Offerings* (IPOs), fusões, aquisições e subscrições de títulos de dívida públicos ou privados. Concomitantemente à sua atuação no mercado financeiro e por sentir na pele que o campo de batalha não é nivelado, tornou-se ativista em defesa da diversidade e da equidade de gênero. Em 2017, cofundou o grupo de networking de mulheres do mercado financeiro Mulheres do Mercado e foi *head* do Comitê de Mulheres do banco Goldman Sachs no biênio 2018-2019. Colunista da revista *Exame* desde março de 2025.

CAROLINA RAGAZZI

Contatos:

www.mulheresdomercado.com

Linkedin: br.linkedin.com/in/carolina-ragazzi-b7b72824

Instagram: @carol.ragazzi

@mulheresdomercado

Este capítulo narra a jornada de contínuo aprendizado e superação de uma mulher que, após encarar abismos emocionais, encontrou na dor um convite ao autoconhecimento e à transformação. Entre memórias dolorosas e conquistas profissionais, ela reflete sobre propósito, escolhas e a coragem necessária para abandonar o superficial e resgatar o essencial.

Em agosto de 2022, quando me afastei da desejada posição de diretora executiva do banco Goldman Sachs por depressão, ansiedade e esgotamento mental, estava perdendo o jogo da vida de lavada. Por um tempo, perdi o que tinha de mais valioso: minha saúde e a habilidade de cuidar de mim mesma e daqueles que amava. Senti-me, por um longo período, envergonhada e fracassada por estar naquela situação de fragilidade, de falta de autocontrole e de total impotência. Mais uma vez, a vida me trouxe uma situação aguda para que eu enxergasse algo que eu insistia em ignorar: qual é o meu papel neste mundo e o quão bem ele está sendo executado?

Meu primeiro grande gatilho para despertar foi aos 14 anos, com a morte da minha irmã, Bia, por suicídio, saltando da janela do meu quarto. Assim como em 2022, no acontecimento de 2001 havia um contexto absolutamente desconexo entre essência e aparência. Da porta para fora, nós éramos uma família feliz e privilegiada: pais médicos, com carreiras em ascensão, filhas no quadro de honra de escola renomada, moradia ampla e bem localizada; mas, da porta para dentro, vivíamos em um lar instável e violento. O casamento dos meus pais foi bastante turbulento do começo ao fim e cada membro dessa família sobreviveu como pôde.

Dizem que no amor ou na dor podemos aprender as lições para dominar o jogo da vida. Aprendemos no amor quando somos proativos, quando sabemos observar os primeiros sinais de desajustes, os reconhecemos e lidamos com eles, ou quando aprendemos com os erros dos outros. O aprendizado que usa a dor como veículo de crescimento obviamente é sempre mais difícil e, por mais longo e penoso que seja o processo, ele só acontece quando temos a humildade de reconhecer os erros ao longo do caminho e assumimos o protagonismo da própria vida que muitas vezes abandonamos em nome de um "pseudoconforto". Quantas de nós já não se viram inertes diante de situações ruins, como assédio no trabalho, abuso emocional do parceiro, falta de tempo para os filhos ou para a própria saúde, pelo medo das consequências que uma atitude para cessar tal situação acarretaria? Minha sensação é de que estamos a todo tempo gastando energia para conquistar e preservar o supérfluo ao passo que deixamos escapar pelos dedos o essencial... nem sequer refletimos com alguma frequência sobre o que nos é essencial e como nossas atitudes e nossos objetivos de vida traçados conversam com esse pacote de valores inegociáveis.

Talvez esteja na máxima "Conhece-te a ti mesmo e conhecerás o universo e os deuses", atribuída ao filósofo grego Sócrates, a lição de casa diária para viver uma vida com plenitude e contentamento. Como podemos fazer boas escolhas se não nos conhecemos em profundidade? Se quem tem regido o bumbo da nossa autoaprovação são os critérios materialistas da sociedade e superficialmente perfeitos das redes sociais? Não encaramos com a relevância que deveríamos a necessidade de investirmos nosso mais escasso e democrático bem – o tempo – naquilo que é primordial para nossa felicidade: saber quem verdadeiramente somos.

Todos os dias de nossas vidas fazemos novas escolhas ou consolidamos as velhas ao não fazermos outras. Em 2005, escolhi me mudar de Fortaleza para São Paulo, aos 17 anos, para prestar vestibular. Confesso que à época não tive maturidade para escolher um curso de graduação que potencializasse minha vocação e propósito. Eram conceitos bastante etéreos para mim. Tinha convicção de algumas áreas de que gostava, mas pouca clareza do tipo de assunto e trabalho que instigariam minha curiosidade e força de vontade para praticá-lo com excelência. Felizmente o conceito de vocação e propósito não é estreito nem estático e, mesmo na ausência de uma análise mais criteriosa, foi uma escolha feliz e de múltiplas boas consequências. Cursei Administração de Empresas na Fundação Getulio Vargas e, desde o primeiro estágio em 2008, atuei no mercado financeiro.

A palavra "vocação" vem do latim *vocatio*, que significa "chamado". "Propósito", por sua vez, deriva do latim *propositum*, algo que se coloca à frente, uma intenção ou objetivo. Essas palavras carregam um peso que transcende o individual, apontando para a necessidade de alinhar nossos talentos e paixões a algo maior. Temos o costume de fazer a clássica pergunta às crianças: "O que você vai ser quando crescer?". E as respostas são sempre consistentes em incluir o uso do que acreditam possuir como dons especiais e a utilidade dessa função a algo exógeno a elas. "Vou salvar as tartarugas marinhas!" ou "Vou construir uma nave espacial para explorar outros planetas". Seus egos são satisfeitos pela ideia de transformar ou melhorar algo usando suas habilidades.

A pureza intuitiva do espírito da criança preserva a ordem correta dos fatores, o pensar de dentro para fora: "Como ser útil ao mundo usando minhas habilidades e, por consequência, sentir-me realizado?", em vez de "Quais habilidades preciso ter para que o mundo me seja útil e eu me sinta devidamente aceito e valorizado sob essa perspectiva externa?" O segundo *modus operandi* vai ganhando espaço à medida que crescemos, entendemos e acatamos as expectativas sociais sem o devido filtro de pensamento crítico alimentado por nossos próprios valores.

O distanciamento do preciso entendimento de quem somos, da nossa história, dos nossos traumas, inclinações de comportamento, das fontes genuínas de prazer, das raízes dos nossos medos e dos talentos inatos limita a amplitude de escolhas e, em última instância, o pleno exercício de nossa liberdade. Invariavelmente, ignorar a importância do autoconhecimento é arar o terreno para nossas inseguranças, e estas só são capazes de nos apresentar os estreitos limites da realidade exterior e impor que nos encaixemos a desconfortáveis moldes preestabelecidos.

Apesar de ter dedicado 100% da minha vida profissional no mercado financeiro, o propósito que me guiou nessa jornada foi a enorme necessidade de ser fonte de orgulho aos meus pais, na inocente expectativa de atenuar os efeitos da evidente dilaceração da nossa família após a morte da minha irmã. Fui atraída pela possibilidade de rápido crescimento profissional e retorno financeiro – métricas que seriam reconhecidas e valorizadas por eles.

Sem ter consciência, muitas vezes fazemos escolhas importantes com propósitos deslocados da finalidade em questão. Não invalido o mérito por completo, mas questiono a sustentabilidade, a depender do tamanho do hiato. Apesar disso, o desencadear dos acontecimentos da minha vida me provou que, quando há boas intenções permeando as decisões, o universo conspira de forma harmoniosa, alinhando circunstâncias e oportunidades para que colhamos os frutos das sementes que plantamos.

Quando decidi que trabalharia na área de *Investment Banking* – uma das mais agressivas do mercado financeiro –, eu não me sentia nem um pouco intimidada pelas histórias bizarras que circulavam nos corredores da faculdade sobre o assédio que acontecia nesse suposto ambiente tóxico de trabalho. Não temia as longas horas de trabalho, afinal, minha referência dentro de casa era de pais que trabalhavam em um ritmo muito intenso; muito menos de não ser tratada de igual para igual por ser mulher – novamente, meu histórico familiar contribuiria positivamente para minha autoconfiança a esse respeito, uma vez que minha avó materna perdera a mãe com cinco anos e apesar de (ou por causa de?) uma infância difícil, rapidamente conquistou sua autonomia e independência financeira, sem deixar de lado seu louvável papel de matriarca de uma grande família.

De fato, os rumores, apesar de às vezes exagerados, não eram infundados. Ser absoluta minoria em um ambiente onde as regras se liquidificam a depender dos atores e interesses envolvidos requer muito mais que habilidades técnicas afiadas. Internamente na instituição, havia poucas referências acessíveis de liderança feminina. Na minha divisão, nenhuma.

Em toda adversidade também existem ensinamento e oportunidade, e foi daí que nasceu o Mulheres do Mercado, rede de networking com propósito entre mulheres do mercado financeiro. Começou em 2017, com um jantar entre três executivas e amigas, quando constatamos as semelhanças nos nossos ambientes de trabalho e a necessidade de uma zona segura para trocarmos experiências. Ao longo desses sete anos, percebemos que só avançaremos se estivermos entrelaçadas. Que somos gota, ao passo que também podemos ser oceano.

As provações de trabalhar nesse ambiente se intensificaram após minha ousadia em tornar-me mãe, não de uma, mas de três crianças. A estatística era desconcertante: durante os 12 anos que trabalhei na divisão de *Investment Banking* do banco Goldman Sachs no Brasil, fui a primeira e única mulher a gestar. Como isso seria possível? O que havia de tão errado com aquela gestão e cultura corporativa? Imbuída de ingênua audácia, achei que meu histórico de excelência na entrega de resultados me blindaria do que estaria por vir.

Ao longo dos anos, a rotina intensa e a invejável vitrine de aparente sucesso me entorpeceram. Para preservar o que a sociedade validava, suportei circunstâncias e repetidas situações que deveriam ter sido imediatamente bloqueadas. O conforto financeiro que fora construído arduamente e que deveria representar meu passe de liberdade na verdade transformou-se em uma bola de ferro que me prendia a um trabalho que me adoecia cada vez mais. Até que, um dia, meu sistema operacional desligou.

Uma das características mais evidentes da minha personalidade é a obstinação em realizar o que eu acredito, mesmo que minhas crenças estejam fora do senso comum. Viver passivamente é algo que fere minha alma e me distancia da minha própria natureza. Apenas quando intencionalmente exercitamos o pensamento reflexivo, conseguimos mapear nossos vieses e estratégias de autossabotagem. Ao escolhermos por omissão não nos conhecermos e nos mantermos anestesiados no inconsciente coletivo, ficamos sujeitos a repetir padrões nocivos e boicotar nosso próprio sucesso.

Décadas antes, eu já havia aprendido que os vícios em satisfazer nosso ego pouco contribuem para uma vida verdadeiramente feliz. Mesmo assim, em um cenário que me era familiar, resisti em buscar minha verdadeira tribo – aquela que sempre esteve bem diante dos meus olhos. A verdade é que tudo o que precisamos já está ao nosso alcance; o que transforma isso em algo extraordinário é a forma como escolhemos usar o que temos disponível. Essa é a nossa verdadeira magia.

Toda experiência ruim pode ser ressignificada. Carece, entretanto, que estejamos sintonizados para captar e interpretar os sinais e tenhamos coragem para atuar sobre eles. Cada um de nós foi democraticamente agraciado com o livre-arbítrio e 24 horas a cada dia. Não podemos nos colocar no cativeiro de vítimas das casualidades. Somos protagonistas de nossas próprias vidas e responsáveis por pavimentar nosso caminho de felicidade.

A mãe de todas as preocupações é que paramos de ter pensamento crítico até sobre os aspectos mais fundamentais da nossa existência. Não temos tempo! Toda inteligência tecnológica produzida nas últimas décadas não gerou produtividade para nosso bem-estar. O tempo economizado com a otimização de algum processo foi imediatamente ocupado com mais processos otimizados e, logicamente, a velocidade e a automatização da vida não irão diminuir.

Vidas automáticas produzem adoecimento mental, adolescentes dependentes químicos, famílias emocionalmente quebradas e uma lista de mazelas que só cresce. Quem não quiser sofrer as consequências de uma vida vivida no automático terá que ter coragem para dizer não. O *trade-off* deveria ser bastante óbvio, mas não é – seguimos na rodinha do hamster. E, mesmo que, em um lapso de consciência, enxerguemos algo que pareça errado, a voz intrusa é frequentemente silenciada com narrativas do *zeitgeist*.[1]

Estamos cada vez mais desconectados dos nossos verdadeiros propósitos, para caber nos padrões e usufruir de uma falsa e fugaz sensação de pertencimento. É o corpo, é o carro, é o crachá, é o bônus. Estamos sempre correndo atrás de algo que nos fizeram acreditar que tem valor e merece ser priorizado *vis-à-vis* o que é essencial: qual o nosso papel no mundo?

Hoje, deito-me no manto da tranquilidade de quem se reencontrou. Trabalhar por equidade de gênero, nos mais diversos meios, da imensidão do mundo político ao seio do meu próprio lar, me traz motivação e senso de utilidade únicos.

O conforto financeiro que experienciei desde a infância foi absolutamente inepto para me proteger das profundas lacerações emocionais catalisadas por dois momentos de agudo sofrimento. Mas a morte da minha irmã e as turbulências que testemunhei na minha família semearam minha escolha profissional – e foi por meio dela que conheci meu marido, com quem divido a felicidade imensurável de construir uma linda e valorosa família. Também foi por meio dela que me defrontei com as ora veladas e ora explícitas discriminações que minam

1 Espírito de uma determinada época; tudo aquilo que caracteriza um período específico.

sorrateiramente a autoconfiança e a progressão de carreira das mulheres – que, por sua vez, viraram o principal ingrediente motivacional para que eu exerça o que entendo hoje ser uma das minhas missões. O adoecimento mental no trabalho foi apenas uma recondução forçada do universo à minha vocação, que possibilitou a restauração da minha essência e o resgate da minha vontade consciente de viver uma vida com mais significado.

Sei que minha história não é apenas minha. Muitos de nós já se sentiram perdidos e sem saída. Hoje percebo, com a mais cristalina nitidez, que os abismos que encarei foram chamados para a evolução. Nunca é fácil desconstruir anos de crenças e hábitos e navegar pelo desconhecido, mas o processo me provou que, com coragem, determinação e propósito, é possível transformar cicatrizes em lições e criar uma vida que vale a pena ser vivida.

CAPÍTULO 05

A menina que enfrentou gigantes

Brasileira, filha mais velha de Marijan e Gizella, mãe do Lucca. Técnica em eletrônica pelo Serviço Nacional de Aprendizagem Industrial (Senai), engenheira mecatrônica pela Universidade Paulista (Unip) e pós-graduada em Gestão Empresarial pela Fundação Getulio Vargas (FGV). Especialista em automação industrial, indústria 4.0 e eficiência energética. Iniciou sua trajetória profissional em uma empresa familiar, na sequência trabalhou em uma multinacional líder de mercado e partiu para a carreira de empreendedora. Fundou a DK Solutions, que atende clientes por toda a América Latina e acumula mais de 30 anos de experiência na área industrial. Sua postura de vida é trabalhar em harmonia na busca do equilíbrio físico, mental e espiritual.

DANIELA KABILIO

Contatos:

www.dksolutions.com.br

danikabilio@hotmail.com

Instagram: @danikabilio

@dksolutions_oficial

LinkedIn: linkedin.com/in/daniela-kabilio

linkedin.com/company/dksolutions/

O que levou uma menina inquieta a transformar-se em uma profissional capaz de levar a inovação desde o chão de fábrica até a implantação de valores humanitários nas visões administrativas? Em um mercado predominante masculino, ela entendeu a importância da "sororidade": o compromisso de empatia e companheirismo entre as mulheres. Sua resiliência e paixão pela sua área a levaram a conquistas e vitórias.

Sempre fui curiosa e cheia de múltiplos interesses: arte, dança e esportes. Minha adolescência foi cheia de descobertas incríveis sobre mim mesma em meio ao turbilhão próprio dessa fase.

Estudava em uma escola de bairro, dois anos adiantada, mas ainda assim sentia que aquele ambiente me limitava; queria algo mais. Com 13 anos, fui para uma escola tradicional que me encantou, onde pude aprender muitas coisas diferentes (por exemplo, jogar tênis, vôlei, aprender francês e datilografia). Mas as aulas de História e de Geografia me castigavam e repeti dois anos, a quinta e a sétima séries (atualmente quinto e sétimo anos do Ensino Fundamental).

Aquilo nunca tinha me acontecido antes. Fiquei angustiada, pois, pela primeira vez, estava ficando para trás em relação aos meus colegas. Por outro lado, era muito mais fácil aprender aquelas matérias que exigiam certa idade para seus conteúdos. Hoje sei que essa situação me ensinou a lidar com decepções e frustrações e compreendi que meu ritmo de aprendizado podia ser diferente do ritmo de meus colegas!

Fui, então, para um colégio com um perfil mais moderno, sem uniforme e que até permitia fumar nos corredores (olha que absurdo!). Por outro lado, minha personalidade se soltou: em um mês, já conhecia 90% do pessoal da escola toda e tinha entrado para a comissão do festival de cultura do colégio, que era anual.

Fiz muitas amizades que duram até hoje. Foram cinco anos muito divertidos, de muito aprendizado e descobertas, inclusive da minha veia empreendedora: nos intervalos das aulas, eu vendia sanduíche natural e brigadeiros (em média, 30 sanduíches e 50 brigadeiros diariamente!). Quando vi, me tornei grande concorrente da cantina da escola!

Durante esse período, tive um professor que foi o divisor de águas na minha vida (como um bom professor faz diferença na vida da gente!). Ele ministrava uma aula de física fantástica: o mundo das fórmulas e de suas aplicações nos movimentos flutuava na minha mente como se fosse um filme da Marvel. Eu só queria estudar física e sofria para passar nas outras matérias, mas conseguia sempre "raspando".

Prestar vestibular foi um grande desafio, pois meus pais tinham acabado de se divorciar. O impacto emocional disso me deixou completamente perdida e eu ainda tinha de escolher uma profissão para exercer "pela vida toda". Que complexo!

Minha dúvida: me inscrevi para os vestibulares de Artes Plásticas, pois adorava arte, de Arquitetura, pois adorava decoração de interiores, e de Engenharia Civil, pois adorava construções. Era difícil identificar profissões que fizessem sentido para minha personalidade.

Acabei só passando em Engenharia Civil. Naquela época, já trabalhava com meu pai, que tinha uma distribuidora de peças para máquinas industriais. Na área administrativa eu operava telex, mas com a evolução da tecnologia surgiu o fax e, na sequência, vieram os primeiros computadores.

Como eu tinha "siricutico" por tudo que é novo, convenci meu pai a colocar um computador na empresa. Foi um desafio: eu, com 19 anos, ensinar os funcionários (que tinham em média 40 anos) a usar um computador.

Eu me apaixonava cada vez mais por tecnologia, desenvolvimento de sistemas e programação. E não estava nem aí para as críticas e barreiras que tinha que enfrentar, do tipo: "que saco essa piveta vir me ensinar". Eu lidava com pessoas muito mais velhas, que tinham mais um pique de avô. Era difícil que eles se interessassem por novidades tecnológicas, num ambiente de perfil conservador e muito masculino. Aceitar algo novo, vindo de uma pessoa mais nova, uma menina... difícil! As boas escolas que fiz e meu preparo para a profissão não impediram as muitas barreiras, como preconceito, rejeição e assédio. Mas eu não desistia.

Após dois anos na universidade, o gosto pela Engenharia Civil ia cedendo lugar para os computadores. Em paralelo a isso, meu pai me apresentou ao mundo dele, das máquinas e das indústrias.

Na primeira vez que pisei em um chão de fábrica, fiquei fascinada com tudo que encontrei. Era engraçado meu pai me mostrar os comandos mecânicos e eu só querendo descobrir como aqueles "milhões de fios" podiam proporcionar todos aqueles movimentos. Ou seja: a cabeça do meu pai ia para mecânica e a minha ia para a elétrica e para a automação industrial (minha paixão era mesmo entender os movimentos dinâmicos e lógicos das máquinas).

Então resolvi migrar para Engenharia Mecatrônica, a engenharia que cuida de robótica e automação. Era um curso muito novo, que só existia em duas universidades, e minha turma foi a segunda a se formar no Brasil.

No quarto ano, saí da empresa do meu pai, pois tive a oportunidade de fazer um estágio em uma multinacional com previsão de ir trabalhar na Alemanha. Lá enfrentei diversos tipos de assédio (sexual e moral) e preconceito. Era um ambiente extremamente masculino, em que ouvi muitos comentários do tipo "seu lugar é atrás do fogão".

Foi muito marcante quando revisei um projeto e, ao ser chamada para participar da reunião com o cliente, ele mal olhou os documentos e os jogou sobre a mesa, afirmando que as alterações solicitadas não haviam sido feitas, duvidando da minha capacidade e da minha seriedade profissional. Pedi licença, peguei as folhas que ele arremessara sobre a mesa e mostrei a ele todas as revisões que eu fizera. Apesar do seu desprezo inicial, ele reconheceu meu trabalho; respirei fundo e, com paciência e elegância, propus recomeçarmos a reunião. Resultado: validei as modificações que sugeri e implantamos o projeto conforme minha proposta do cronograma.

Com a crise financeira de 1998, infelizmente a vaga do estágio fechou e parti para desenvolver outros talentos: abri uma empresa de eventos. Minhas habilidades com arte e comunicação me ajudaram a trabalhar nessa área por dois anos. Trabalhei com buffet, produção de shows e de artistas (como Falamansa, Dominguinhos, Elba Ramalho, Fábio Jr., entre outros). Mas eu era uma engenheira trabalhando com eventos!

Foi então que descobri um curso de reorientação profissional (CIEE, 2025)[1] que reafirmou que nasci para ser engenheira – e os eventos poderiam ser um hobby. Considerei esse tempo como uma fase que ajudou no amadurecimento da minha carreira.

Ao mesmo tempo, a empresa do meu pai cresceu. Ele me chamou de volta. Gostei da ideia e retornei com o desafio de assumir a área de assistência técnica, pois queria trabalhar diretamente com as máquinas. Com isso, fiz um curso técnico em eletrônica no Senai,[2] com o objetivo de me preparar melhor para as questões práticas.

Durante essa fase conheci diversas fábricas, aplicações de máquinas e processos. Viajei pelo Brasil todo realizando os atendimentos da empresa do meu pai.

Meu fascínio por tudo que se movimentava no chão de fábrica me inspirava continuamente, e fui me especializar em comandos de máquinas em uma época em que a participação das mulheres começou a ganhar espaço nas indústrias, principalmente em serviços que requerem atenção e delicadeza.

Após dez anos na assistência técnica, engravidei e nasceu meu lindo filho. Quando ele tinha apenas dois meses, voltei a trabalhar, mas agora tinha outra condição: com um bebê em casa, não queria mais ficar viajando para realizar os atendimentos. Queria ter mais tempo com meu filho. Então, migrei para a área técnica comercial e de treinamento, onde estudei relacionamentos, perfis comportamentais e pude desenvolver uma área nova na empresa.

1 Centro de Integração Empresa-Escola.

2 Serviço Nacional de Aprendizagem Industrial.

Sete anos depois, recebi uma proposta para assumir uma gerência e troquei o aumento salarial que receberia por uma pós-graduação na FGV[3] – eu queria me preparar muito bem para o novo desafio dessa proposta.

Embora tenha me capacitado, enfrentei conflitos com a gestão autocrática da empresa, que não aceitou minhas propostas de mudança. Após inúmeras discussões e a apresentação de projetos para expansão dos negócios, todos rejeitados, criei coragem, pedi demissão, abri meu CNPJ e voltei para o chão de fábrica, mas dessa vez por minha conta: a DK Solutions.

Nos primeiros quatro anos, foquei na assistência técnica e, ao abrir uma área de eficiência energética, os desafios se multiplicaram. Entre erros e acertos, o aperto financeiro era grande. Vendíamos o almoço para pagar o jantar, e muitas vezes nem o jantar estava garantido. Foi quando chegou a pandemia.

Eu gelei... estava desesperada, com muitas dívidas e sem conseguir enxergar uma luz no fim do túnel. Analisei tudo que eu já tinha feito, desde o primeiro dia em que abri a empresa. Parei e fiz uma oração.

No dia seguinte, um grande amigo me convidou para fazer um treinamento inovador na área comercial, que, segundo ele, era a minha cara – o Vendas 3.5, focado no mercado B2B, público-alvo industrial. Agarrei essa oportunidade como uma esperança de ter algum insight, alguma ideia, alguma luz, e tentar salvar a operação.

No treinamento tinha um exercício em que a minha parte era com uma headhunter – que ironia do destino! Combinamos que, se em três meses eu não saísse do lugar, ela me recolocaria no mercado de trabalho, em uma posição de liderança: plano B traçado.

Quando essa aula terminou, tomei um banho, fiz um chá de erva-doce. Senti uma força vindo de dentro de mim, mostrando tudo em que eu acreditava. Fiz uma promessa: se eu conseguisse manter os três empregos que tinha na minha mão, 10% do meu lucro seria doado para quem precisasse. Comuniquei a equipe, que se uniu em torno desse objetivo. Com gratidão por tudo que já tinha acontecido até então, fomos para a guerra.

Criamos uma UTI industrial, com logística 24 horas, para atender as indústrias que não podiam parar. Já atendíamos alguns clientes na área alimentícia que nos indicaram para clientes de bebidas, fábricas de álcool em gel e a cada dia que passava surgiam mais e mais clientes.

Após um mês do treinamento, fechamos um ótimo contrato com um grande cliente, para atendimento no Brasil todo. Não medimos esforços e atendemos da melhor forma. Estrategicamente, focamos em dar

3 Fundação Getulio Vargas. MBA em Gestão Empresarial.

especial atenção à definição dos processos, de modo a deixar a operação sempre organizada.

O sucesso no atendimento desse contrato ajudou a empresa a mudar de patamar: automação industrial para indústrias de grande porte e eficiência energética para indústrias de grande e médio porte.

Após dois anos, fizemos um balanço da operação e vimos que conseguimos gerar mais de 40 empregos diretos e indiretos, doamos mais de 500 cestas básicas e tivemos a certeza de que estávamos no caminho certo.

Nessa época, instalados em uma sala comercial de 90 m^2, o espaço já não era suficiente: a recepção tinha virado expedição, a sala de engenharia e testes cedeu lugar para o estoque e, na sala operacional, um já esbarrava no outro. Decidimos partir para um novo desafio – desenvolver um planejamento estratégico adequado para a nova DK Solutions!

Encontramos um galpão de 450 m^2 que até hoje nos atende bem e com espaço para uma projeção de crescimento. Fizemos as adaptações necessárias e nos mudamos.

A headhunter nos ajudou a estruturar o organograma e a contratar a nova equipe. Iniciamos os treinamentos, fomos amadurecendo os processos e nos adaptando à nova fase do nosso negócio.

Redefinimos nossa cultura organizacional, que é a base do nosso dia a dia. Entendemos que nossa missão é desenvolver soluções para ajudar pessoas e empresas por meio da transformação dos nossos valores em resultados.

Nossos valores estão à frente de todas as nossas atitudes e isso está presente em cada atendimento, de clientes internos e/ou externos, de uma forma leve, mas com um forte propósito.

Os negócios foram progredindo e, com o avanço da tecnologia, surgiram algumas necessidades de soluções, como a indústria 4.0. Desenvolvemos essa área, conseguimos portfólio. Na sequência, para completar, desenvolvemos a área de cabeamento estruturado.

Atualmente, nossa operação oferece soluções para o mercado desde a distribuição da instalação elétrica (cabine primária) até a expedição. Garantimos uma instalação elétrica e de rede estável e com qualidade de energia, sistemas de aterramento e laudos elétricos em geral. Realizamos *retrofitting* de máquinas, painéis elétricos de potência e de comando, softwares de automação. Desenvolvemos sistemas de gerenciamento de energia e de produção, em que integramos a produção com a logística, associando sistemas de segurança de máquinas e prediais, como circuito fechado de televisão (CFTV).

Todas essas soluções são pensadas e planejadas com foco na eficiência energética e no reaproveitamento de recursos disponíveis nos processos, fomentando a economia circular.

Temos um compromisso de cumprir ao máximo os 17 Objetivos de Desenvolvimento Sustentáveis (ODS) estipulados pela Organização das Nações Unidas (ONU). Os ODS são um apelo global à ação para acabar com a pobreza, proteger o meio ambiente e o clima e garantir que as pessoas, em todos os lugares, possam desfrutar de paz e de prosperidade ONU Brasil (2025).

Nosso sucesso não abre mão de nossos sete valores: gratidão, trabalho em equipe, empatia, intraempreendedorismo, clareza na comunicação, espontaneidade e qualidade de vida. Com isso, a cada desafio, nos tornamos mais fortes e motivados a alcançar novas conquistas.

REFERÊNCIAS

CARPILOVSKY, M. *et al. Liderança e motivação*. Rio de Janeiro: Editora FGV, 2009.

GOMES, A. H. *Gestão racional*: ajudando a definir um rumo. Publicação independente Amazon, 2020.

HOROWITZ, B. *O lado difícil das situações difíceis*. São Paulo: WMF Martins Fontes, 2015.

LOBATO, D. M. *et al. Gestão estratégica*. Rio de Janeiro: FGV, 2017.

ONU BRASIL. *Objetivos de Desenvolvimento Sustentável (ODS)*. Disponível em: https://brasil.un.org/pt-br/sdgs. Acesso em: 27 jan. 2025.

PINTO, A. A. G. *et al. Gestão de custos*. Rio de Janeiro: FGV, 2014.

ROSENBERG, M. B. *Comunicação não violenta*. São Paulo: Ágora, 2021.

WEISS, J. *Negociações eficazes. Tome a iniciativa. Gerencie conflitos. Chegue ao sim*. Rio de Janeiro: Sextante, 2018.

CAPÍTULO 06

Você não precisa ser forte o tempo todo, você só precisa ser você

Fundadora da Moveon, uma consultoria focada em gestão humana, começou sua trajetória em RH aos 19 anos, descobriu sua vocação e desde então dedicou sua carreira a essa disciplina. Mãe da Luiza, casada com Luiz (sua inspiração diária), atuou em empresas nacionais e multinacionais cuidando de áreas relacionadas ao desenvolvimento organizacional humano, com interação em toda a América Latina. Suas características são: disposição, energia e ação. Migrou para o mundo das startups para entender como a inovação alavanca as relações humanas e potencializa negócios. Foi também diretora de pessoas e inovação em uma empresa de tecnologia e em 2020 fundou a Moveon, sua consultoria, com a missão de acelerar as pessoas e as empresas por meio do alinhamento desses vetores. Hoje atendendo a empresas familiares, brasileiras e internacionais, a Moveon tem gerado resultados transformadores nas empresas por meio das pessoas.

DAYANNA RODRIGUES

Contatos:

https://moveon.app.br/

LinkedIn: https://www.linkedin.com/in/dayannarodrigues/

Instagram: @daydcrodrigues

Em um mundo que exige força inabalável, este capítulo convida você a descobrir o poder de ser vulnerável e autêntico. Por meio da inspiradora jornada de uma jovem que, aos 14 anos, ousou desafiar as expectativas e romper com o convencional, o leitor é conduzido por um caminho de autoconhecimento repleto de desafios, perdas e, sobretudo, transformações profundas. Ao aprender que a verdadeira força reside em aceitar nossas imperfeições e transformar a dor em crescimento, esta narrativa nos mostra que, para ser feliz, não precisamos ser perfeitos – basta sermos nós mesmos. Pronto(a) para embarcar nesta jornada de coragem e descobertas? Descubra como a autenticidade pode libertar sua essência e transformar sua vida!

A jornada para se apaixonar por quem você é começa com um simples, porém poderoso, primeiro passo: perceber que você não precisa ser forte o tempo todo. Esta é uma das maiores mentiras que nos contam desde a infância. A sociedade, as redes sociais e até mesmo as pessoas mais próximas de nós parecem nos cobrar uma força inabalável, uma resistência que nunca falha. Mas o que poucas vezes nos dizem é que a verdadeira força não vem da ausência de fraquezas, mas da coragem de aceitar nossas vulnerabilidades. Não precisamos ser invulneráveis; precisamos ser autênticos. Ser você é o que realmente importa.

A busca pelo autoconhecimento é uma estrada contínua, cheia de altos e baixos, mas é também um processo transformador. Eu sei que às vezes parece inatingível. O mundo grita para que sejamos tudo, menos nós mesmos. Mas, de repente, depois de muito tentar e de muita reflexão, um dia você se olha no espelho e começa a se ver com mais gentileza. Você começa a se perceber sem pressa de corrigir tudo, sem o peso de ser perfeito(a). Você se permite. Se permite sentir, se permite viver, se permite ser você.

Talvez você esteja se perguntando: "Mas o que significa ser eu?". É o momento em que você começa a entender que não se trata de ser uma versão de sucesso ou a realização de todos os seus sonhos, mas de viver seu processo. A cada passo, a cada pequeno avanço, você se torna mais você. E, com isso, fica mais leve.

O PODER DA DECISÃO E A FORÇA DA CLAREZA

Permita-me contar uma história que pode te ajudar a entender isso.

Era uma vez uma menina, com um futuro um tanto nebuloso, mas com um desejo claro: liberdade. Ela vivia em um contexto no qual as expectativas eram limitadas: concluir o Ensino Médio, casar e ter filhos. Esse era o ciclo da vida de tantas pessoas ao seu redor. No entanto, algo dentro dela ansiava por mais. E, aos 14 anos, com o coração cheio de sonhos e o espírito repleto de coragem, tomou uma decisão que mudaria sua vida para sempre.

Ela caminhou sete quilômetros até o centro da cidade. Sem saber exatamente o que procurava, mas com uma vontade imensa de começar algo novo, foi até o shopping e entregou currículos nas lojas que estavam com placas de "estamos contratando". Naquele momento, ela não sabia se seria contratada, nem mesmo o que queria fazer com sua vida. Mas uma coisa ela sabia: não queria continuar vivendo de acordo com os limites que o mundo lhe impunha. E aquele pequeno passo, aquele esforço de ir atrás de algo diferente, foi o início de uma jornada de autoconhecimento e transformação.

A menina obteve uma vaga temporária. Não era o trabalho dos sonhos, mas foi o início de algo muito maior. Ela aprendeu que, independentemente da situação, sempre era importante dar o melhor de si, como se fosse para Deus. E foi assim que ela se manteve durante toda sua jornada.

O que quero destacar aqui não é o sucesso imediato, mas a clareza e a decisão. A menina entendeu que, se não quisesse permanecer na condição atual, precisava fazer algo diferente. E foi isso o que ela fez. Cada passo dado foi um passo de coragem e fé em si mesma, mesmo sem saber o que o futuro lhe reservava.

A DÚVIDA E O PROCESSO DE CURA

A vida, como você bem sabe, não é um mar de rosas. Essa menina, que se tornaria uma mulher, enfrentou muitos momentos difíceis. Perdeu pessoas amadas, viveu relacionamentos que a desestabilizaram emocionalmente e, em diversas ocasiões, teve que lidar com o fracasso e a frustração. No entanto, o que a manteve firme foi a crença de que a vida é um processo, não uma linha reta.

Aos 27 anos, sua carreira estava em ascensão. Ela havia conquistado a liderança e o reconhecimento que tanto almejava, mas, ao olhar para o lado, via que sua vida pessoal estava em frangalhos. O casamento, que parecia ser uma realização de sonhos, virou um campo minado de críticas, insatisfações e rupturas.

Ela, que havia sido tão bem-sucedida no trabalho, não sabia mais como lidar com a dor e a frustração de sentir que algo estava faltando. E, embora tivesse muito orgulho de suas conquistas, não se sentia completa.

A questão aqui não é se ela tomou as decisões certas ou erradas. Não se trata de julgamento, mas de um convite para refletir: quantas vezes você se sentiu assim, satisfeito(a) em uma área da sua vida, mas incompleto(a) em outra? Como você lida com isso?

ENFRENTANDO A DOR COM CORAGEM E VULNERABILIDADE

E é aqui que entra o maior aprendizado da jornada dessa mulher. A dor, muitas vezes, é vista como fraqueza. O sofrimento, como algo a ser evitado. Mas o que ela aprendeu ao longo dos anos foi que a verdadeira força não está em ignorar a dor ou em tentar escondê-la. A mulher encontrou força no ato de enfrentar sua dor. Não para superá-la de imediato, mas para aprender com ela. Para perceber que a dor é parte do processo de se tornar quem você realmente é.

Ela experimentou o que muitos temem: a perda de um sonho. Uma gestação interrompida, um sonho que se desfez, que a fez questionar tudo. Mas o que descobriu, mesmo na dor, foi que o tempo não é nosso. O controle também não é. Ele vem de algo maior. E, quando ela começou a olhar para a dor com mais amor e aceitação, foi aí que começou a curar as feridas que tanto a atormentavam.

A chave para lidar com a dor é o autoconhecimento. Quando você se permite conhecer suas fraquezas, entender suas emoções e se conectar com sua verdadeira essência, você descobre que é possível se reconstruir, mesmo nos momentos de perda.

A SABEDORIA DA AUTENTICIDADE

A jornada dessa mulher não foi fácil, mas a levou a um lugar de equilíbrio entre o que é profissional e o que é pessoal. Ela se casou novamente e, dessa vez, encontrou um relacionamento baseado em respeito e apoio mútuo. Encontrou inspiração dentro de casa, pautada na verdade e simplicidade. Deparou-se com incentivo e encorajamento e se sentia agradecida pela oportunidade de construir uma nova história ao lado de alguém que a fazia sentir como se sonhasse acordada.

Ela teve filhos, vivendo uma experiência de cura diária com a maternidade. Uma busca constante de entregar seu melhor para sua família, o melhor exemplo. Ela encontrou seu lugar, sua paz externa, mas, mais importante que isso, ela encontrou paz consigo mesma.

Hoje, é uma mulher forte, não porque não sente mais medo ou não comete mais erros, mas porque aprendeu a ser vulnerável. Aprendeu a se ouvir, a pedir desculpas, a escutar suas necessidades e a dar espaço para os sentimentos que antes ela tentava ignorar. Ela entendeu que não precisa ser forte o tempo todo, só precisa ser ela mesma.

E esta é a grande lição: não se trata de ter tudo sob controle o tempo todo. Trata-se de se permitir ser, sem máscaras, sem pressões externas. A verdadeira força vem da capacidade de se conectar com quem você realmente é e permitir que sua autenticidade guie suas escolhas.

CONCLUSÃO: O PODER DE SER VOCÊ

A vida não é perfeita. Ela é feita de altos e baixos, mas o que realmente importa é como você lida com esses momentos. Não há segredo para o sucesso; há clareza, há decisão, há coragem para se conectar com quem você realmente é.

Quando você se permite sentir e viver sua verdade, você se torna capaz de transformar sua dor em força. Você vai entender que não existe fracasso, existe aprendizado. Não existe erro, existe crescimento. E o mais importante: você não está sozinho. Mesmo nos momentos mais silenciosos, sua fé, sua disciplina e sua coragem te conduzirão.

Então, eu te pergunto: você está pronto(a) para ser você, sem reservas, sem medo, sem máscaras? Se a resposta for sim, então você já deu o primeiro passo em direção à verdadeira liberdade.

Lembre-se: você não precisa ser forte o tempo todo. Você só precisa ser você.

CAPÍTULO 07

Mulher empreendedora

Sócia e Diretora Executiva na ADCE Produção Cultural LTDA – ME. Criou, com a produtora cultural Hérica Araújo, e manteve no ar por cinco anos o site Pague Pra Ver – Ideias Criativas, plataforma de *crowdfunding* voltada para projetos culturais e empreendimentos criativos com realizações de sucesso. De 2013 a 2016, atuou como Chefe de Núcleo de Fomento da Secretaria Executiva de Cultura e Patrimônio Histórico da Prefeitura do Jaboatão dos Guararapes – PE. Produtora cultural com diversos projetos aprovados pelo Funcultura desde 2007, com ênfase na área de restauro e adequação de edificações históricas no interior de Pernambuco. Coordenou e ministrou cursos de elaboração e gestão de projetos culturais e é palestrante sobre preservação do patrimônio edificado. Especialista em Elaboração e Gestão de Projetos Culturais e Criativos (MinC/FGV e MinC/SENAI – DF), com larga experiência na elaboração de projetos culturais encaminhados a instâncias federais. Pós-graduada em Turismo e Patrimônio (FAFIRE, 2010-2012) e Gestão Pública Municipal (UFRPE, 2012-2013). Graduada em Psicologia pela Faculdade Frassinetti do Recife (1975) e professora convidada da mesma instituição após sua pós-graduação em Turismo e Patrimônio, na qual ministrou cursos até 2016. Atualmente, em dedicação exclusiva, atua na elaboração e no envio de projetos culturais e criativos, em diversas áreas culturais para a Lei Rouanet e outros editais e, em fase de finalização, o projeto "Pernambuco: Folclore e Folguedos", aprovado, e na Lei Rouanet com o patrocínio do Instituto Vale Cultural e Neoenergia (PE), para publicação de 1.000 exemplares do livro com doação para escolas, bibliotecas e centros culturais.

DORA DIMENSTEIN

Contatos:

adceproducaocultural.com.br
adceproducaocultural@gmail.com
dora.producaocultural@gmail.com
Instagram: @dora.dimenstein
@adceproducao
YouTube: Dora Dimenstein
81 99654 6507

Neste capítulo, a autora compartilha sua história de vida e de como o empreendedorismo a escolheu. Com um forte desejo de ser independente, sempre em busca de realizar seus sonhos com muito estudo, trabalho e dedicação. Atuando como produtora cultural, e ainda com aquele "brilho no olhar", segue em frente com seu propósito, aprendendo com a vida e executando projetos grandiosos como a líder nata que é.

Olá, sou Dora Dimenstein, 72 anos, mulher, viúva, tenho três filhas, duas netas, três genros, uma linda família e algumas histórias que carrego com muito orgulho. Sou natural de São Paulo e a vida deu algumas voltas não tão alegres. Perdi minha mãe aos cinco anos e meu pai se casou com uma médica pernambucana. Assim, nos mudamos para Recife, onde vivi o resto da infância, adolescência e a vida adulta. Não sei dizer se adotei ou fui adotada pela cidade, porque nunca consegui sair daqui, embora tenha tido algumas oportunidades.

Descobri muito cedo, sem nem mesmo compreender ao certo, que seria ser empreendedora, o que sou até hoje, e como a vida me levaria por caminhos para chegar aonde cheguei. Contarei uma pequena história, que acredito ter sido o começo de tudo. Quando ainda estava na faculdade de Psicologia, não existia o computador que temos hoje, esse nosso grande aliado. Assim, eu digitava trabalhos de outros colegas em uma velha máquina de datilografia, e ganhava o meu dinheiro, além, lógico, de fazer os meus trabalhos, e, com isso, tinha dinheiro para comprar meus perfumes, minhas roupas etc., porque sempre tive, dentro de mim, esse desejo de ser independente. Nesse tempo, juntou tudo, formatura e casamento, mas ainda exerci por algum tempo a profissão. Mesmo com o nascimento das filhas e o tempo passando, a vontade de ser independente nunca me abandonou. Com as filhas um pouco maiores, consegui ter uma confecção com várias costureiras. Eu fazia os moldes das peças que criava e cortava, as costureiras as fechavam e eu fazia os acabamentos. Levava para vender em feiras e até as filhas iam comigo para aprenderem a ter contato e o trato com as pessoas (vendas), além de também terem algumas responsabilidades. Nunca deixei de cuidar das filhas, do marido, da casa e da confecção, mas nada foi fácil. Embora o marido tenha sido muito responsável, amoroso e carinhoso, era extremamente ciumento e, naquela época, ele não via com bons olhos que eu ganhasse dinheiro e ainda pagasse contas da casa. Vivemos assim por 37 anos, entre namoro, noivado e casamento, até seu falecimento.

Aos 49 anos, ainda casada, dei uma grande guinada na minha vida pessoal e profissional. Na época, não estava mais com a confecção, mas trabalhava com o marido e meu cunhado em um negócio da família, uma galeria de arte e fábrica de molduras. Abandonei tudo para ir atrás do meu sonho: ser uma produtora cultural. Consegui realizar o primeiro curso de Produção Cultural que houve em Recife, com professores que vinham de São Paulo, de Minas e da Bahia, que durou 18 meses. Foi um dos meus primeiros grandes sonhos que estava se concretizando e iria mudar, radicalmente, o rumo da minha vida daí para frente.

Depois desse curso, novos horizontes surgiram e, com dois dos colegas de turma, montamos uma empresa cultural em sociedade, e trabalhamos juntos por seis anos. Depois desse tempo, os sócios saíram e continuei com a empresa tendo como sócia minha irmã de criação, que é formada em Administração de Empresas, e estamos nesse caminho maravilhoso, completando 25 anos de realizações.

Nesse meio-tempo, fui trabalhando na elaboração de projetos culturais para mim e para outros artistas, produtores, músicos e escritores, inscrevendo-os em editais na busca de verbas, sendo remunerada para essa função. Consegui aprovar e executar projetos aprovados pela Lei de Incentivo do Estado de Pernambuco (Funcultura), que foi e ainda está sendo uma grande escola de produção cultural "ao vivo". Ao aprender as linguagens de várias áreas culturais, com mais foco nesse novo caminho que estava trilhando como produtora, uma profissão que só veio a ser reconhecida muitos anos depois, fui em busca de mais estudo e conhecimento e fiz duas pós-graduações, a segunda delas a mais importante, por ter o aval do Ministério da Cultura em parceria com a Fundação Joaquim Nabuco (PE), a Fundarpe (PE) e a UFBA (BA), onde concluí três etapas no formato on-line. Das 1.300 pessoas inscritas em todo Brasil, só estariam na etapa final, em Brasília, as cinco pessoas com maior aproveitamento de cada estado, e eu estava entre uma dessas cinco de Pernambuco. Lá fui eu viver mais essa grande emoção, me graduando na especialização em Elaboração e Gestão de Projetos Culturais e Criativos e, com mais essa etapa, abriram-se novos horizontes, além de ser sido mais uma grande conquista.

Desde então, tenho buscado estar sempre atualizada, estudando, aprendendo, visto que não sou artista de nenhuma área cultural, mas sim uma especialista na redação e execução de projetos culturais e criativos, além de analisar editais culturais e dar consultoria para outros produtores e artistas. Dediquei-me a uma área bem específica, Patrimônio Material e Imaterial, com uma pós-graduação que fiz sobre Turismo e Patrimônio, e, acreditem, depois de 17 anos de formada em Psicologia, voltei para uma banca, estudando em sala de aula como aluna. Foi extremamente produtivo porque, assim que apresentei meu TCC, a coordenadora do curso me convidou para dar aulas em outras três turmas na mesma faculdade, onde pude lecionar, durante três anos, como se deve elaborar um projeto, desde a fase de tirar a ideia da cabeça e colocar no papel de forma correta, montar planilhas orçamentárias e fazer todo um planejamento (prévio) de como será executado, até a prestação de contas. Tive a imensa satisfação de ver muitos dos meus alunos e alunas, depois de formados, terem seus projetos aprovados e sendo executados. Acreditem, a sensação de ter uma ideia criativa, verificar se é viável, pesquisar o tema, buscar subsídios que comprovem que sua ideia vai resolver um problema e vê-la sendo executada é extremamente gratificante. Até a presente data – estamos em 2025 –, ao contar essa minha trajetória, ainda tenho aquele brilho no olhar e um gostinho de "quero mais" para executar outros e outros projetos.

Sabem de uma coisa? Vocês não vão acreditar. Quando escolhi ser empreendedora, traçar meu próprio caminho, não foi fácil. Sou uma capricorniana um pouco teimosa e quando decidi ser uma produtora cultural, em 1999, muitas pessoas desacreditavam dessa nova profissão e pensavam que ser produtora cultural não me daria segurança emocional e financeira para me sustentar. Acreditem: até meus familiares e pessoas próximas tinham essa visão e chegaram a dizer que eu era "doida", "maluca" de seguir com esse meu propósito. Mas, como tudo tem seu lado positivo e seu lado negativo, não me deixei impressionar por nada e segui em frente. Se tivesse escutado essas pessoas – ah, se tivesse escutado –, acredito que hoje seria uma pessoa triste e frustrada. E o que acontece comigo atualmente é que reconheço que decidi certo o caminho de ser empreendedora, dona do meu negócio na área cultural e, mais do que tudo, a vida me ensinou, nessa linda estrada, que devo seguir a intuição vinda do meu coração e fazer aquilo que me deixa feliz e realizada. A parte financeira vem depois, como uma grande recompensa.

A vida ensina que, sabendo encontrar as oportunidades certas e as pessoas certas, tudo vai acontecendo naturalmente e com muitas realizações de sucesso. Ainda estou aqui, acreditando e colocando em prática tudo o que tenho aprendido com os dois lados da moeda, o bom e o menos bom, porque problemas sempre estão à nossa volta e amo encontrar soluções criativas. Não penso em parar tão cedo, pois, a cada degrau que subo, quero mais subir outros, para me sentir viva e produtiva. O mais importante é estar com a mente ativa, focada e "pensante" (os neurônios adoram isso!), achar a solução mais adequada para realizar meus projetos e colocar as ideias em prática para resolver tudo com ânimo, coragem, garra, parcerias e, mais do que tudo, acreditando e tendo fé que vou alçar voos ainda mais altos.

Ao longo desses anos, consegui conquistar parceiros e parceiras de trabalho, identificando os profissionais certos para as funções certas dentro de cada projeto que já realizei, e são pessoas que cresceram comigo profissionalmente. Tenho orgulho de trabalhar com pessoas comprometidas, que "confiaram" nas minhas ideias de projetos mesmo antes de serem aprovados e termos a verba para realizar; isso é acreditar que o sonho se tornará realidade. É uma confiança mútua e já cheguei a ter, em um dos meus projetos, mais de 60 pessoas trabalhando comigo.

Disseram-me que sou uma líder nata, mas eu ainda tenho muito que aprender. Sou exigente comigo mesma e me cobro muito em procurar realizar tudo da forma mais perfeita possível. Acho que é por isso que busco sempre mais e mais conhecimentos e até descobri e uso ferramentas de outras profissões para organizar minha forma de trabalhar, o que tem dado certo (ainda bem).

Dentro dos projetos já realizados na área de Patrimônio Material, sinto muito orgulho de ter conseguido restaurar uma edificação do século XIX, hoje tombada e administrada pelo estado, idealizada pelo engenheiro francês Louis Lèger Vauthier, que veio a Pernambuco na comitiva de Maurício de Nassau. É a única edificação idealizada por ele no interior do estado, na cidade de Brejo da Madre de Deus, a 202 km da cidade do Recife, e onde é realizada a maior celebração da Paixão de Cristo ao ar livre do mundo, no distrito de Fazenda Nova. Essa edificação foi uma Casa de Câmara e Cadeia que estava quase ruindo e, depois de alguns projetos aprovados no Funcultura, conseguimos restaurar toda a edificação, composta de térreo, pátio externo e primeiro andar, onde hoje funciona o Centro Cultural do Brejo da Madre de Deus, que se tornou um ponto de referência na cidade, recebendo milhares de visitantes e alunos que vão apreciar exposições guiadas, realizar cursos ministrados em suas celas/salas e ainda tem uma área com exposição de produtos artesanais locais. Outro projeto de que tenho muito orgulho, este na área de Patrimônio Imaterial, foi a realização de ações de Preservação do Frevo, Patrimônio Imaterial da Humanidade, reconhecido pela Unesco, com várias ações realizadas em escolas públicas. Na maioria dos meus projetos, procuro envolver outras temáticas da Cultura, como: Cultura com Educação, Cultura com Preservação, Cultura com Pertencimento e Cultura com Manifestação Popular.

Recentemente, em 2024, realizamos um projeto aprovado pela Lei Rouanet, com patrocínio do Instituto Vale Cultural e da Neoenergia (Pernambuco) e outros grandes apoios culturais, que foi a publicação do livro *Pernambuco: folclore e folguedos*, com base em obras do artista visual Pedro Índio, que aborda temáticas da cultura popular pernambucana. O diferencial é que, para cada obra de arte, existe um texto explicativo das manifestações em português e sua tradução para o inglês. Lançamos o livro em seis cidades em Pernambuco, assim como em São Luís (MA) e em Belém (PA). Em cada localidade houve apresentações de grupos de cultura popular, exposição de algumas obras do artista e um bate-papo sobre a produção e realização do projeto. Todos os 1.000 exemplares foram doados para escolas, centros culturais e bibliotecas, como um meio de preservação da nossa cultura e para que possa chegar aos alunos em sala de aula. Todo esse material está disponível e acessível no nosso site e no Instagram, citados em nossos contatos, e pode ser baixado de forma gratuita, além dos seis episódios de podcast com entrevistas que contam essa linda trajetória. Entre equipe de trabalho e outros profissionais envolvidos, contamos com a colaboração de mais de 120 profissionais. É gratificante demais ver a satisfação de todos os envolvidos nesse lindo projeto, que parece estar cruzando fronteiras, indo além do Brasil. Quem sabe não terei mais histórias para contar sobre ele em um futuro próximo?

Quero deixar aqui, neste finalzinho e de coração aberto, algumas impressões importantes que a vida me mostrou, para todos aqueles que tiverem a oportunidade de ler esta minha trajetória de mulher empreendedora, da qual tenho tanto orgulho. Em primeiro lugar, consegui deixar de herança esse sentimento para minhas filhas e netas, um brilho no olhar e a cabeça erguida com a certeza de que, quando trazemos essa veia empreendedora no sangue, nada pode nos afastar desse caminho. Além disso, todas nós podemos refletir sobre como é poderosa a nossa intuição em nos mostrar o caminho a seguir para que possamos ser e estar felizes e realizadas tanto no aspecto emocional quanto no financeiro. Aprendi recentemente que "A vida nos dá mais do mesmo", e estas sábias palavras de José Schmitsler Filho merecem uma reflexão. Desejo imensas realizações e muita luz no caminho de todas nós. Gratidão e até breve.

CAPÍTULO 08

Resiliência em movimento

Propósito na rota

Empresária, escritora e palestrante internacional, formada em Administração de Empresas, com especialização em Gestão de Negócios e Pessoas. Há 18 anos lidera a Transvelloz, empresa do segmento de transporte no Brasil, conquistando espaço em um setor predominantemente masculino. Reconhecida internacionalmente, foi destaque na capa de uma revista europeia por sua atuação no transporte e na logística no Brasil. Autora do prefácio de um livro sobre empreendedoras brasileiras de destaque na Europa, é também presidente da AVANT, associação dedicada a valorizar e apoiar os profissionais do transporte. Entre seus projetos, destaca-se o Espaço Mulher, uma iniciativa que promove mais dignidade e qualidade de vida para mulheres motoristas. Seu trabalho foi reconhecido com o Prêmio Líderes Femininas, consolidando-se como uma das referências na promoção da igualdade de oportunidades e no apoio a mulheres líderes, empreendedoras e profissionais do transporte.

EDISANGELA RODRIGUES

Contatos:

www.transvelloz.com.br

www.avant.ong.br

Instagram: @aedirodrigues

A estrada não perdoa distrações. Ou você segue em frente, ou fica pelo caminho. Descobri que resiliência, além de resistir, é se mover, mesmo quando tudo diz para você parar. E que o propósito é o que nos mantém em movimento. Neste capítulo, compartilho como o transporte me ensinou a transformar desafios em oportunidades, sem perder de vista o que realmente importa. Convido você, leitor, a seguir adiante comigo.

Se eu pudesse voltar no tempo e olhar nos olhos da mulher que fui há 30 anos, o que eu lhe diria? "Apenas continue. Você ainda não sabe, mas cada passo que está dando hoje está construindo uma mulher de coragem".

Nasci no interior de Pernambuco e sempre fui uma menina inquieta e sonhadora. Desde cedo aprendi com meu pai, meu maior exemplo de força, empreendedorismo e integridade, que através do trabalho poderíamos criar a realidade que desejamos viver.

Ao lado do meu pai, aprendi muito mais do que apenas observar um negócio funcionando. Acompanhava-o pelo comércio, entre negociações e visitas às feiras de gado. Algo pouco comum para uma menina de nove anos na época. Ele me ensinou sobre ética, resiliência e, principalmente, sobre coragem. Eu via como ele solucionava problemas com rapidez e transformava desafios em oportunidades. Aquilo me fascinava.

Crescer no interior me ensinou muito sobre valores, mas, ao mesmo tempo, alimentou uma inquietação dentro de mim. Eu sabia que havia um mundo maior lá fora e que, para expandir meus horizontes, precisava sair da minha cidade natal. Com essa vontade de ir além, decidi buscar oportunidades em Recife, a capital, onde eu poderia estudar, trabalhar e dar os primeiros passos na construção do futuro que eu imaginava para mim.

Quando chegou o momento de buscar minha independência, comecei minha trajetória profissional como funcionária em uma multinacional no ramo de refrigeração, pois precisava pagar minha faculdade. Mas a inquietação empreendedora nunca me deixou. Foi lá que comecei a construir minha rede de contatos e a entender melhor o mundo dos negócios.

A oportunidade de empreender veio quando montei minha primeira fábrica de sorvetes. Os desafios eram enormes, o mercado estava dominado por marcas tradicionais e eu precisava encontrar um diferencial. Enquanto a maioria vendia sorvete na praia, eu vendia nas penitenciárias e em canteiros de obras. E posso garantir que o nosso volume de vendas era maior do que muitos imaginavam. Isso porque eu via valor onde os concorrentes ignoravam. E essa foi uma das grandes lições sobre identificar oportunidades onde poucos as enxergam.

Mas a vida, como sempre, testou minha resiliência. Meu pai faleceu de forma inesperada aos 52 anos, e precisei assumir as rédeas da casa e dar suporte à minha mãe. Tive de fechar a fábrica para reorganizar e estruturar os negócios da família. Após tudo estabilizado, voltei a empreender, retomando minha trajetória com mais maturidade.

Dessa vez, montei uma distribuidora de calçados para atender os pequenos lojistas da região. Foi uma forma de manter meu espírito empreendedor vivo enquanto conciliava o trabalho com a maternidade, cuidando do meu filho recém-nascido.

Até que surgiu uma nova oportunidade de negócio para o meu esposo, em São Paulo, e nos mudamos para uma cidade pequena no interior paulista, onde o comércio era muito restrito.

Foi lá que percebi um fluxo intenso de caminhões e carretas. Era um ponto estratégico para o transporte rodoviário, mas não havia estrutura suficiente para atender esses veículos. Foi então que montei um lava-rápido de veículos pesados, meu primeiro passo no mundo do transporte.

Estando cada vez mais familiarizada, percebi que o transporte era um setor dinâmico, repleto de desafios e oportunidades para quem estivesse disposto a se aprofundar. Foi assim que descobri um horizonte ainda maior.

O transporte nunca foi um sonho planejado, mas uma oportunidade que agarrei pela necessidade. Dos meus mais de 25 anos de empreendedorismo, 18 foram dedicados ao transporte e à logística. A trajetória, no entanto, não foi fácil. No início, não ouvia falar em incentivos ou rede de apoio para mulheres empreendedoras, especialmente no setor de transporte.

A síndrome da impostora, disfarçada de perfeccionismo, ainda sussurrava em alguns momentos, mas minha história já falava por mim, em voz alta. É claro que sendo mulher em um ambiente majoritariamente masculino, vivi algumas situações desconfortáveis, talvez até mais do que eu percebia, pois eu simplesmente não tinha tempo para me deter nisso. Meu foco no que eu estava construindo era tão grande, que muitas vezes sequer notava olhares de dúvida ou julgamentos velados. Estava ocupada demais aprendendo e avançando. Compreendi que esperar por reconhecimento ou permissão não era uma opção. Se eu quisesse crescer, precisava abrir caminhos.

E mais uma lição: se não te derem espaço, decida conquistá-lo. Foi o que eu fiz. Conquistei o meu.

Entre o estímulo e a resposta existe um espaço. Nesse espaço está o nosso poder de escolher a nossa resposta. E em nossa resposta está o nosso crescimento e nossa liberdade.

Viktor Frankl

QUAL É O SEU TAMANHO?

O período da pandemia foi um dos momentos mais desafiadores que enfrentamos. Além de ter meu esposo na UTI, a maior parte do nosso faturamento vinha do segmento de eventos e cinema, setores que foram drasticamente afetados.

Com previsões incertas e o mercado em retração, a recomendação era clara: reduzir operações e esperar pelo pior. Mas esperar pelo pior nunca foi uma opção para mim.

Após inúmeras tentativas, me conectei com um grupo francês que estava expandindo sua atuação no Brasil, no setor do agronegócio. Durante uma das reuniões, o líder do grupo me fez uma pergunta simples, mas carregada de significado:

— Qual é o seu tamanho?

Naquele momento, sem hesitar, respondi com convicção:

— Sou do tamanho que você precisa para crescer aqui no Brasil. E estou pronta para provar isso.

A resposta não foi apenas uma declaração de confiança, mas o início de uma parceria estratégica. Com dedicação e resultados, mostramos nossa capacidade de comprometimento e entrega. Não demorou para que nos tornássemos o principal operador logístico do grupo francês no Brasil, assumindo um papel fundamental na expansão de suas operações no país.

Mais do que cumprir todas as exigências, entregamos um trabalho de excelência e abrimos novas possibilidades. E eu sabia que desse trabalho não dependia apenas o futuro da minha empresa, mas o sustento de muitas famílias.

Essa vitória me trouxe, além do alívio profissional, um novo brilho no olhar. Porque ali ficou ainda mais claro que meu trabalho nunca foi apenas sobre criar ou salvar uma empresa, mas sobre um propósito maior.

Outra lição aprendida: independentemente das adversidades, nunca subestime a sua capacidade e sempre se posicione com confiança.

QUANDO OLHAMOS ALÉM DE NÓS

Com o passar do tempo, fui percebendo que minha trajetória ia além dos números e do crescimento da empresa. A gestão estratégica sempre foi parte essencial do meu trabalho, mas comecei a enxergar algo maior. Aos poucos, fui me afastando do dia a dia operacional e permitindo que minha visão se expandisse. Comecei a me conectar com outros empresários e profissionais, ouvindo suas histórias e entendendo suas lutas. Foi um processo natural, mas transformador.

A cada conversa, percebia que minha experiência podia servir de inspiração para outras pessoas que buscavam espaço e reconhecimento. E, ao mesmo tempo em que as motivava, era motivada por elas. Essa troca me fez enxergar que o sucesso profissional não estava apenas em construir um negócio sólido, mas também em abrir caminhos para que outras pessoas pudessem trilhar seus próprios percursos.

Foi assim que, naturalmente, comecei a compartilhar mais do que estratégias de negócios. Eu me via quase sempre falando da importância da resiliência, da coragem, do propósito e, claro, do empreendedorismo e da sua capacidade de transformação. Esse movimento me levou a ministrar palestras, no Brasil e no exterior, ampliando meu alcance e direcionando minha voz para algo ainda maior.

As palestras foram uma oportunidade não apenas de compartilhar conhecimento, mas também de expandir minha visão sobre o setor de transporte. Durante essas experiências, absorvi novas perspectivas e reforcei a importância de valorizar os profissionais que mantêm o país em movimento.

Aproveitei cada oportunidade para falar não apenas sobre negócios, mas também sobre a força e a relevância dos profissionais da categoria. Percebi que meu papel ia além da gestão da minha empresa e que eu poderia contribuir para fortalecer e elevar a percepção do setor, mostrando como esses profissionais contribuem na economia e na sociedade.

Os dois dias mais importantes da sua vida são o dia em que você nasce e o dia em que descobre o porquê.

Mark Twain

Foi assim que nasceu a AVANT. Mais do que um projeto, um propósito: criar um movimento que desse suporte real e mais qualidade de vida a quem vive e contribui para o setor, para os que vivem na estrada, principalmente as mulheres, que já são muitas, e enfrentam desafios ainda maiores nesse cenário. Lembro-me de uma conversa com uma caminhoneira que me disse: "Nós existimos, mas ninguém nos vê". Naquele momento, soube que precisava fazer algo.

A AVANT não surgiu apenas de uma visão estratégica, mas da necessidade de trazer mais dignidade, apoio e reconhecimento a esses profissionais. Além da minha gratidão, pois foi nesse segmento que encontrei oportunidades, superei desafios e conquistei minha independência.

Eis mais uma lição: se consolidar é apenas o começo. A verdadeira realização não está só no crescimento, mas no que fazemos com ele, abrindo caminhos e criando novas oportunidades.

PASSOS FIRMES, GRANDES DESTINOS

São os passos contínuos que nos levam a caminhos extraordinários. Aqui, compartilho alguns que fizeram a diferença para mim e que podem ser valiosos para você também.

1. REFLITA SOBRE SEU IMPACTO

Sempre se pergunte: "O que meu trabalho entrega além do resultado financeiro?". Identifique como você pode agregar valor.

2. SAIA DA OPERAÇÃO E ENXERGUE O TODO

Experimente se afastar um pouco do operacional e perceber melhor as oportunidades e visualizar o futuro de forma mais clara.

3. CONECTE-SE COM PESSOAS ALÉM DO SEU CÍRCULO HABITUAL

Busque aprender com pessoas de outros setores, outras realidades, que te desafiem a crescer, e descubra novas formas de enxergar o mundo.

4. FORTALEÇA SUA RESILIÊNCIA

Elimine o vitimismo e entenda que errar faz parte do jogo. Resiliência não é dom, é uma habilidade construída.

5. COMPARTILHE SUA HISTÓRIA E INSPIRE

Você pode ajudar outras pessoas a enxergarem novos caminhos. Nunca subestime o poder da sua experiência. O conhecimento cresce quando é compartilhado.

6. ADAPTE-SE SEM PERDER SUA ESSÊNCIA

Não comprometa a sua identidade. Seja flexível, mas mantenha seus valores.

7. TENHA CORAGEM PARA MUDAR

Se algo já não faz sentido, recalcule sua rota, ajuste seu caminho.

8. PRATIQUE A ESCUTA ATIVA

Ouça as pessoas sem pressa de responder. Isso cria conexões mais autênticas e fortalece relacionamentos.

9. CULTIVE A FÉ E A GRATIDÃO

Sempre. Independentemente da sua crença. Manter esses pilares torna o processo mais leve e faz de você uma pessoa melhor.

A GRANDE RESPOSTA

A vida nos desafia o tempo todo. Alguns escolhem resistir, outros se adaptam e há aqueles que transformam cada desafio em um novo caminho.

Ao longo deste capítulo, compartilhei fragmentos da minha história – não para que sejam vistos como feitos extraordinários, mas para mostrar que, por trás de cada conquista, existiram momentos de desafios, escolhas e acima de tudo, movimento.

E você?

Se olhasse para sua trajetória hoje, quais desafios ainda parecem intransponíveis?

Onde estão as oportunidades que talvez você ainda não tenha enxergado?

Se a pergunta "Qual é o seu tamanho?" fosse feita a você agora, como responderia?

O futuro não tem respostas prontas. Ele só tem espaço. Espaço para os que ousam sonhar, seguir em frente de forma autêntica, deixando sua marca.

E FINALMENTE O SUCESSO!

O sucesso sempre foi tratado como algo mensurável. Qual o seu faturamento? Qual a posição que ocupa? Métricas são importantes, mas não são tudo. Pois não está apenas nos números, mas principalmente nas vidas que tocamos ao longo do caminho.

O sucesso é particular, e não é apenas sobre aonde você chega, mas sobre quem você se torna no processo. É sobre construir algo que vá além de você e que permaneça quando o seu nome já não estiver mais nas mídias. É sobre quantas portas você ajudou a abrir, quantas pessoas você inspirou e quantas mudanças positivas você foi capaz de promover.

E o que realmente importa?

O quanto você foi generoso em compartilhar conhecimento, oportunidades e aprendizado e em tornar o caminho mais acessível para os outros.

O impacto genuíno não precisa de holofotes. Ele acontece no silêncio de uma escolha correta, na coragem de um "sim" que abre portas e no poder de um "não" que protege seus valores.

Sucesso é contribuir, transformar, inspirar e deixar um mundo melhor do que encontramos.

CAPÍTULO 09

A parceria do homem na conquista profissional da mulher

Advogado especialista em Direito Tributário pela Pontifícia Universidade Católica de Campinas (PUC-Campinas). Sócio-fundador da Rabello & Rabello Sociedade de Advogados, responsável pela área do consultivo tributário. Conselheiro fiscal.

GUSTAVO VESCOVI RABELLO

Contatos:

www.rabello.adv.br
gustavo@rabello.adv.br
Instagram: @pai.tributarista
19 98233 0307

Proponho fazer uma reflexão sobre o casal em que o papel do homem é parceiro, no sentido de companheiro, amigo, sócio e/ou marido no crescimento profissional da mulher. Com base em experiências pessoais, destaco a importância do apoio, da confiança e do respeito às diferenças. Com dicas práticas e exemplos, o texto enfatiza que o sucesso feminino é uma competência da mulher, associada à participação do homem como uma conquista conjunta, de modo que fortaleça as relações e inspire transformações no casal e na sociedade.

A evolução profissional de uma mulher é uma conquista progressiva, cheia de obstáculos enfrentados por ela. Com a parceria do homem, o papel dele é fortalecê-la com incentivos e estratégias de defesa e transposições aos obstáculos, para que possam construir algo maior e mais significativo juntos.

Apesar de a mulher, nos últimos anos, ter conquistado mais espaço para muitas funções profissionais, ainda depara com determinadas resistências ideológicas masculinas na maioria das áreas profissionais, impedindo-as de desenvolver suas competências e capacidade de realizações. Isso se reflete até mesmo na vida dos casais, tornando a mulher enfraquecida na sua profissão quando isolada. Como parceiro, é fundamental apoiar e incentivar a evolução profissional da mulher e não obstaculizar o desenvolvimento dela.

A experiência ao incentivo do parceiro em fortalecer o papel da mulher depende de sua convivência com as mulheres da família – na relação com a mãe, irmã, tias, primas etc. Assim, o homem transfere o mesmo procedimento de incentivo ao desenvolvimento profissional da mulher.

Conto aqui a relação com minha própria família; além da minha esposa, isso sempre foi semelhante com minha mãe, empreendedora desde jovem (devo reconhecer o papel do meu pai) e minha irmã, que sempre esteve comigo profissionalmente no escritório. Nos últimos 11 anos, minha esposa vem passando por uma ascensão profissional imensurável. E é com essa experiência que pretendo contribuir com pontos que acho fundamentais para outras pessoas que estão e estarão nesse cenário.

O apoio demonstra a importância de integração e interação do casal na fundamentação e no desenvolvimento da profissão da mulher, mantendo a harmonia e a reflexão individual de um e outro nas suas profissões. Essas reflexões tornam-se motivadas não só pela competência de cada um, mas também pela participação mútua no desenrolar da carreira, contribuindo, inclusive, para uma sociedade mais equilibrada e justa.

A parceria entre homem e mulher é fundamental para o desenvolvimento de ambos, pois, se o homem interfere ou problematiza o desenvolvimento profissional com uma visão fechada de divisão de tarefas, impede a criação de um ambiente em que a mulher se sinta segura para grandes realizações. Dentro desse contexto de apoio, ela pode agir e o homem pode reconhecer o potencial dela, motivando o maior desenvolvimento na sua própria profissão.

É comum, de fato, o sentimento de alguns homens de que o crescimento da parceira diminui seu valor ou o coloca em posição de inferioridade. Para mim, essa visão, além de equivocada, limita a mulher e a própria evolução da carreira, configurando uma espécie de concorrência entre os dois, prejudicando o relacionamento.

Apresentam-se aqui algumas premissas que fortalecem o desenvolvimento profissional de ambos e o relacionamento entre eles. Tais premissas são fundamentadas em experiências pessoais.

PREMISSAS PARA O CRESCIMENTO EM CONJUNTO

FUNDAMENTAÇÃO HISTÓRICA

Trabalho relevante é ser completamente absorvido por uma missão, e relações relevantes são aquelas em que existe preocupação mútua e genuína entre as partes.

Ray Dalio

Todos os casais constroem uma história, mas leva-se em conta a história de cada um. Sonhos, ambiente familiar, traumas, dificuldades e conquistas devem ser respeitados e não podemos nos esquecer disso. No meu caso, já nos conhecemos após a formação profissional. Ela, médica (ainda na residência), com histórico familiar super-rígido, de família humilde, realizando seu sonho de ser médica, uma das melhores alunas da faculdade, estudou longe da família, batalhou pelo financiamento do curso. Eu, advogado, família com muita liberdade, muito próximos, nunca saí de casa para curso ou faculdade, sempre trabalhei com a família, estava no primeiro ano de escritório aberto, em fase de construção. Ela era defensora da medicina tradicional; eu cresci na medicina holística, homeopatia, aromaterapia, sem histórico de uso de remédios.

Sempre respeitei muito a história não só dela, mas também a de todos ao meu redor. Devemos sempre apoiar, dialogar e entender até que ponto podemos evoluir em conjunto, ainda que com diferenças. Apesar delas, incorporamos essas singularidades como aprendizado, porque a confiança mútua transforma qualquer desafio em oportunidade de crescimento.

Segundo Mario Sergio Cortella, "A divergência é admissível e até desejável, mas ela nunca pode conduzir à anulação do outro, daquele que pensa diferente de você".

Nota-se aí que o encontro de duas histórias divergentes cria parcerias na formação do casal para a elaboração de uma nova história a partir do progresso de duas profissões bem-sucedidas. É importante que o casal construa uma história e não se prenda aos históricos negativos de um ou de ambos.

LIBERDADE PARA DESENVOLVER AS COMPETÊNCIAS PROFISSIONAIS

Tudo está integrado. Conjugadas as histórias, definem-se um objetivo e um planejamento de desenvolvimento profissional de cada um, para que haja liberdade de elementos e progressões individuais. Nessa liberdade, deve-se favorecer a contribuição de um para o outro, permitindo engrandecer competências e buscando alternativas que possam qualificar o progresso de cada um. Com isso, devem buscar elementos que permitam reconhecer o talento e a história do parceiro, mesmo que seja diferente do que imagina. Apoiar não deve vir com condições ou expectativas limitantes.

É preciso confiar plenamente no potencial de cada um, para que o parceiro realize seus sonhos e progrida no seu desenvolvimento profissional. Para o homem, fortalecer a mulher motiva mais seu desenvolvimento, mesmo quando os desafios são grandes e as decisões parecem incertas.

Por fim, permitir que escolhas diferentes sejam feitas significa respeitar a competência de cada um, mesmo que o outro não concorde. Afinal, o crescimento só acontece onde há espaço para a autenticidade.

Assim, liberdade não implica cada um fazer o que quer, mas estabelecer um equilíbrio em construir a participação no crescimento profissional do parceiro.

PARTICIPAÇÃO NAS CONQUISTAS

Apesar de ser óbvio, observa-se um certo desconforto em determinadas conquistas do outro quando há uma premiação ou uma homenagem, uma consideração, ou apenas um elogio que acaba gerando rivalidade no casal. Isso demonstra um desequilíbrio profissional intrínseco na união. Na verdade, essas conquistas devem ser tomadas como uma fonte motivadora para o crescimento individual e não um motivo de disputa entre os dois. A parceria deve ser vista como uma soma, não uma subtração ou uma competição. Cada um tem sua individualidade e precisa estar em harmonia com o outro para estabelecer o equilíbrio de parceria para que o relacionamento fique cada vez melhor.

Contribuir para o crescimento do outro deve ser uma experiência gratificante. Não basta estarem juntos ou presentes apenas em momentos difíceis, mas sim participarem de tudo. Comemorar conquistas nada mais é do que uma forma de validar tudo o que foi motivo de superação de obstáculos e participação de planos e projetos em comum.

FEEDBACKS CONSTRUTIVOS

Não menos importante para evolução é sempre praticar a sinceridade e fornecer feedbacks. Uma coisa está totalmente atrelada à outra, pois fornecer dados para que uma pessoa ou grupo possa melhorar seu desempenho e amadurecimento, a fim de que os objetivos sejam atingidos (feedback), só é possível com sinceridade. O propósito fundamental é sempre ser construtivo, visando ao crescimento pessoal e profissional. Não significa dizer que vale tudo. A sugestão é, no momento de dizer algo importante, trabalhar com alguns pilares, como utilidade, autenticidade, amabilidade e sinceridade. Sem esses pilares, não haverá equilíbrio na evolução e no desenvolvimento de cada um.

O desenvolvimento deve estar atrelado ao feedback analisado e avaliado pela parceria do outro. O feedback leva em conta toda a história e todas as conquistas para que haja uma comunhão de objetivos satisfatória aos dois. Pode-se oferecer uma perspectiva complementar, mostrando ângulos que o parceiro não tenha percebido, muito pela visão e experiência dos negócios individuais.

Por fim, feedbacks construtivos devem ser vistos como degraus e não barreiras que dificultam o caminho.

CONFIANÇA NO PROCESSO DE EVOLUÇÃO

A vida não deixa de ser uma longa viagem, uma estrada em que haverá caminhos maravilhosos, paisagens bonitas e momentos excelentes, mas na qual, sem dúvida, também haverá buracos, surpresas, caminhos inesperados, temporais. A jornada de crescimento não é e nunca será linear, sendo composta de vitórias e desafios, de momentos de dúvida e de descobertas.

A parceria de um para o outro é um processo de constante desenvolvimento em que, muitas vezes, um é mais sobrecarregado que o outro, o que poderia trazer transtorno nas relações conjugais e profissionais. Essa sobrecarga não precisa significar um problema para os dois, mas sim uma oportunidade de participação ativa transformando o problema em solução, considerando a confiança no outro a respeito das sugestões dadas e contribuições nas situações problemáticas.

Desafios que poderiam ser problemas, como nascimento de filhos, falecimento de parentes, troca de emprego, dívidas, processos, instabilidades emocionais e doenças, são na verdade motivos de união de forças, reflexões, racionalidade e competências para a superação, em vez de motivo de rompimento ou conflito.

Confiar no processo significa entender que nem sempre as coisas saem conforme o planejado, mas isso não invalida o progresso.

Cada pequeno avanço, cada etapa superada, merece ser celebrada. O crescimento não se trata apenas de chegar ao destino, mas de tudo o que se aprende e se transforma ao longo do caminho.

> *O sucesso não é uma meta a ser alcançada nem uma linha de chegada a ser cruzada. É um sistema para melhoria, um processo infinito para se aperfeiçoar.*
>
> **James Clear**

Por fim, confiar no processo é, acima de tudo, acreditar que as dificuldades são temporárias e que elas preparam o terreno para os momentos de celebração.

CONCLUSÃO

O apoio do homem à mulher e a participação da mulher nas mais diversas profissões configura o desenvolvimento profissional e o amadurecimento na relação entre eles. Por isso, a parceria entre o homem e a mulher significa interação e integração de tudo na vida de ambos.

A parceria é fundamental não só para o crescimento profissional do homem e da mulher, mas também para o fortalecimento do relacionamento entre eles.

Sem o homem, a mulher pode enfrentar problemas sociais e profissionais com mais dificuldade pela própria natureza. Já o homem sem a mulher individualiza muito sua profissão sem os efeitos qualificativos da participação feminina, trabalhando de forma estritamente objetiva.

Assim, a parceria entre homem e mulher engrandece o profissionalismo de ambos, pelo fato de haver duas forças unidas pelos ideais, pelas competências e pela amplitude de pontos de vista.

Diante disso, é fundamental que duas pessoas unidas pelo amor desenvolvam uma parceria essencial na formação profissional e na convivência conjugal e, acima de tudo, acreditem que, juntos, podem ir muito mais longe.

REFERÊNCIAS

CLEAR, J. *Hábitos atômicos*: um método fácil e comprovado de criar bons hábitos e se livrar dos maus. Rio de Janeiro: Alta Life, 2019.

CORTELLA, M. S. *Viver em paz para morrer em paz*. São Paulo: Planeta do Brasil, 2017.

DALIO, R. *Princípios*. Rio de Janeiro: Intrínseca, 2018.

CAPÍTULO 10

Fé na vida...

Publicitário, profissional de marketing, escritor, palestrante, produtor cultural, captador de recursos, especialista em organização de eventos, mestre em Ciências da Religião, com ênfase em Marketing, Turismo e Religião. Profissional de Comunicação com mais de 20 anos de experiência desenvolvida no setor público, como Secretário de Cultura e Turismo da Cidade de João Alfredo (PE) e Secretário de Cultura, Esportes e Juventude de São Lourenço da Mata (PE), participou de grandes eventos e feiras no Nordeste brasileiro, e no setor social, como é o caso da Santa Casa de Misericórdia do Recife, no cargo de Gerente de Comunicação e Marketing, e Captação de Recursos. Acreditar que é possível mudar mentes e transformar o mundo é parte integrante de todos aqueles que buscam valorizar a vida e ajudar o planeta com ideias de sustentabilidade e desenvolvimento humano. Nesse sentido, afirma seu compromisso de buscar um mundo mais fraterno e igualitário.

JAIRO CHAVES

Contatos:

jairochaves88@gmail.com
YouTube: jairodrfe
Instagram: @jairodrfe
81 99991 7611

Este capítulo apresenta a importância da fé, da verdadeira conexão com o Criador e de como nossos pensamentos diários podem moldar nosso dia a dia. Lembrando que devemos abraçar cada dia de vida como uma dádiva inestimável e nunca abandonar nossos sonhos, acreditando sempre na vitória, sem jamais deixar-nos abalar com os obstáculos e dificuldades da vida.

Amar-se. Amar-se de verdade: eis o ponto principal na vida de qualquer humano. Não podemos nos torturar, fazendo da nossa existência um eterno conto de depressão e solidão.

Isso atrai a doença. Tudo começa a mudar quando você muda o modo de pensar sobre si mesmo(a). É o segredo para começar a ver a vida com os olhos da fé, da confiança e da liberdade. Quando você tem confiança e gosta de si mesmo(a), o milagre acontece.

É ilógico pensar que uma mulher que recebe um diagnóstico de câncer na mama, mas que tem na medicina, na sua psique e na sua alma as ferramentas para a cura, possa ter alguma dúvida ou medo em relação a sua cura. Mas as coisas não são tão simples assim. Diariamente, temos uma infinidade de pensamentos, em uma velocidade espantosa. Aqui vamos, metaforicamente, falar em "anjo bom" e "anjo mau". Reflita comigo: seu anjo bom sempre vai afastar qualquer tipo de dúvida e de medo da sua mente, enquanto o outro, oportunamente, fará o contrário. Imagine-se no lugar dessa mulher: incertezas, dúvidas, medo da morte, fragilidade física e emocional.

Tudo o que já foi criado e ainda está por ser, foi e será fruto de um desejo, de um pensamento, de um sonho. Muitas vezes as pessoas descartam e esmagam seus sonhos de maneira cruel, insana. Acreditam estarem imersas em um lamaçal tão grande de problemas que já não têm forças nem vontade de sonhar. Outras simplesmente desistem.

"Sonhar não custa nada", já dizia o velho verso. Infelizmente, hoje custa. Na sociedade atual, as pessoas não sonham mais como antigamente; simplesmente trabalham, trabalham e trabalham, na luta incansável pela sobrevivência. Talvez você me pergunte como sonhar em meio a tanta dificuldade, falta de emprego, doenças, tragédias, problemas sentimentais: só você pode dizer a que aflige neste momento.

Eu digo que, por mais complicada e terrível que seja a sua situação, esse é o momento mais propício para sonhar. Jesus Cristo foi ao deserto para orar e jejuar, e sempre me perguntei: por quê?

Jesus foi se recolher para orar no deserto, não em uma sinagoga ou nem mesmo na casa de um parente, ou quem sabe em um lugar mais ameno, mais calmo, onde não houvesse tantos perigos e dificuldades. Refletindo sobre a questão, acredito que o deserto foi mesmo o melhor lugar para Jesus orar. Quanto maior a dificuldade, mais luz há para ser revelada. Por exemplo, a lâmpada. Por que ela acende? Acende por causa da resistência. Ela incandesce e acende. Assim como ocorre com a resistência, a dificuldade em nossas vidas também produz luz.

Conheci Tia Linda em 2010. Uma senhora magra, pequena e adorável, de 84 anos. Era elegante, alegre, bem-vestida, falante, católica fervorosa, sempre estava com o rosário em suas mãos. Com idade avançada e não tendo parentes nem condições financeiras de contratar uma enfermeira que pudesse dar os devidos cuidados a ela, achou por bem procurar uma casa de repouso enquanto ainda tinha saúde e discernimento. Certo dia, a Tia Linda me chamou para ajudá-la na mudança, pois havia encontrado seu novo lar.

Na viagem para a casa de repouso, senti um imenso desconforto com a ideia de ver a Tia Linda, sozinha, sem filhos ou marido, morando em um asilo. Isso apertava o meu coração. Em um breve momento, senti uma revolta da própria vida. Como Deus permitiu a uma senhora tão boa um final como esse? Tia Linda permanecia calada, ou melhor, rezando seu rosário. Imaginei que ela estava desolada. Como não sabia o que falar, fiz o que todo sábio faz quando não tem o que dizer: silêncio.

Após esperar pacientemente por duas horas na sala de visitas, uma atendente jovem e simpática veio dizer que o quarto estava pronto. Imediatamente, eu pensei como seria difícil para a Tia Linda, nesse ponto da vida, começar tudo de novo. E o pior, sozinha! A caminho do quarto, a funcionária descrevia o pequeno cômodo em detalhes, o oratório, a cômoda, a cama de madeira, até mesmo uma janela que dava para a rua e as cortinas de renda com bordados feitos à mão.

— Ah eu adoro essas cortinas! – falou, com alegria, Tia Linda. – Eu, na juventude, bordava e sabia fazer renda da melhor qualidade.

— Mas a senhora nem viu as cortinas?. Como pode saber se gosta? – disse a atendente.

— Oxe! E nem preciso ver! – falou Tia Linda – Faz um mês que procuro um lugar para morar, rezei muito, pedi que Deus mostrasse esse lugar. Antes de encontrar, sonhava e imaginava todos os dias o meu novo quarto nos mínimos detalhes, com cortinas brancas, minha cama de madeira, minha cômoda, não importava se fosse grande ou pequena, queria mesmo era um lugar para morar. E quando cheguei aqui, decidi que ia ser feliz o resto dos meus dias, porque a felicidade é algo que você determina por princípio. Eu já decidi que vou gostar de tudo.

E continuou:

— Mocinha, eu tenho duas escolhas, passar o dia inteiro esperando a morte na cama, contando as dificuldades e dores que tenho em certas partes do corpo –, e digo a você que são tantas que nem dá para contar –, ou levantar-me da cama abraçando todos os dias a vida e agradecendo as outras partes do corpo que ainda me obedecem. Para mim, aos 84 anos, cada dia é um presente, cada hora é mais um aniversário, cada minuto, uma canção. Enquanto meus olhos abrirem, vou focalizá-los nas boas lembranças que guardei para este tempo. E sonhar com um novo dia, um novo momento, um novo amigo, pois a vida só acaba quando seus sonhos morrem.

Eu fiquei impressionado com a lição que a Tia Linda acabara de me dar. Nunca imaginei que aquela senhora de aparência tão frágil pudesse abrigar tamanha força e sabedoria. Diante de tudo, um fato me chamou a atenção: a maneira com que ela descreveu seu quarto antes mesmo de achá-lo.

Albert Einstein dizia: "A imaginação é mais importante do que o conhecimento". Antes de tornar algo real, tudo passa pela imaginação e pelo desejo de criar. Numa visualização bem-feita, o cérebro não distingue a fantasia da realidade. Logo, podemos afirmar que seu universo é você quem cria. Alguma vez já se deparou com uma situação em que, durante toda a semana, pensou que uma coisa ruim aconteceria e ela aconteceu de fato? Ou manifestou algum desejo e mentalizou firme esse propósito e ele se realizou? Nossa capacidade de criar é infinita. Portanto, para conquistar objetivos, é preciso desejar. Manifestar ao universo aquilo que você quer.

O conceito é simples: imagine que somos ímãs e atraímos tudo aquilo que desejamos. O problema é que nem sempre atraímos somente aquilo que é bom. Pessoas depressivas tendem a aumentar exponencialmente seus problemas por serem tomadas por pensamentos negativos a maior parte do tempo. O que será que alguém que está com problemas financeiros e pensa em contas o dia inteiro vai atrair? Dívidas e mais dívidas. Por isso, é preciso mudar a frequência energética do pensamento: em vez de pensar em dívidas, pense próspero, ou seja, naquilo que vai ajudar a pagar essas dívidas, por exemplo, uma promoção, um emprego melhor, um prêmio em dinheiro, um novo negócio.

Sua parte racional pode até argumentar: "Eu não tenho dinheiro nem para pagar minhas dívidas, quanto mais abrir um negócio!". Observe que, quando se trabalha com o desejo, a imaginação, o irreal, o ilusório, tudo parece incoerente diante da racionalidade. Portanto, esqueça o racional: liberte sua mente, use seu poder de atração e coisas maravilhosas acontecerão.

Jesus Cristo dizia: "Pedi e recebereis". O poder da fé é inquestionável. A questão não está no simples desejo de ter algo ou alguma coisa; é importante acreditar, saber o que realmente se quer, mentalizar e focar como se o imaginário fosse real. E o mais legal de tudo isso é que você pode ter vários desejos ao mesmo tempo, desde que a cada dia, a cada hora, possa nutri-lo, possa lhes dar vida, fazendo com que o desejo saia do plano etéreo para o plano real.

Nosso sistema nervoso e nosso cérebro são praticamente idênticos aos de outros seres humanos; a diferença é que alguns se programam e acessam uma frequência para a vitória e, outros, não. Por meio dessa programação, você precisa criar pensamentos de prosperidade e de saúde se quiser ser bem-sucedido.

Esqueça a razão a partir de agora. Você precisa entender que fé é emoção é sentir uma conexão inabalável com o Criador, com um poder divino e reparador. Não duvide, não tenha medo: acredite que tudo é possível para aqueles que olham para o invisível e o impossível com os olhos da fé. Milagres são reais.

Na vida também devemos ser metódicos. Assim como o banho, que devemos tomar diariamente, sua crença deve ser alimentada. Como uma semente que você planta em um vaso, ela tem o potencial para se tornar uma linda flor, porém não pode descuidar um só minuto: vai precisar de água, luz, calor e uma boa dose de carinho para crescer e se desenvolver.

Certa vez um profeta e seu discípulo, estando em viagem, pediram pousada em uma humilde residência que encontraram ao longo da jornada. À porta, estava uma mulher de mais ou menos 30 anos, magra, com uma aparência abatida. Havia também crianças que brincavam ao redor da casa, vestindo roupas surradas e com brinquedos velhos. Na hora do jantar, foi-lhes servido como alimentação apenas um copo de leite. Era a única coisa que o dono da casa tinha para oferecer, embora todos os que ali morassem fossem pessoas saudáveis, tanto os pais como os filhos. Tudo o que eles possuíam era uma vaca leiteira, de onde vinha o leite que sustentava toda a família.

Pela manhã, o profeta e o discípulo levantaram-se, agradeceram a hospedagem e continuaram a sua viagem. Um pouco adiante da casa, viram que a vaca pastava à beira de um precipício. O profeta, então, ordenou ao discípulo:

— Vá até ali e empurre a vaca para o penhasco.

— Mestre, a vaca é o único sustento da família. Se eu a matar, eles vão morrer de fome – comentou o discípulo.

E o mestre mais uma vez ordenou:

— Vá até ali e empurre a vaca para o penhasco.

O discípulo ainda relutou, mas, como era obediente a seu mestre, fez o que o profeta mandara e empurrou a vaca no precipício. A vaca morreu na queda e o discípulo ficou bastante consternado.

Alguns anos depois, o profeta e o discípulo voltaram novamente àquela região e mais uma vez pediram pousada na mesma casa. Com tamanha surpresa, observaram que muita coisa havia mudado naquela família.

As crianças já não eram as mesmas; estavam bem vestidas, coradas e com brinquedos novos. Já se viam plantações ao redor da casa, animais pastavam no campo, todos se movimentavam e se ocupavam com alguma tarefa. Na hora do jantar, foi servida uma refeição farta, preparada com os alimentos colhidos da própria terra, o que foi motivo de orgulho para todos.

Pela manhã, o profeta e o discípulo despediram-se da família e continuaram viagem.

— Mestre, o que aconteceu com essa família? – perguntou o discípulo, sem acreditar no que acabara de ver.

O mestre respondeu:

— Se não tivéssemos empurrado a vaca no precipício, essa família nunca poderia ter desenvolvido outras habilidades, trabalhando e cultivando a terra que possuíam.

Essa história nos remete a um conceito imutável: quando joga sua "vaquinha" no abismo, só há duas opções, viver ou morrer. Mesmo na tempestade ou quando tudo está perdido aos seus olhos, é tempo de se levantar, criar coragem, determinação, esperança e recomeçar. Recomeçar quantas vezes forem necessárias para o seu sucesso, para a sua cura. Aprender coisas novas, determinar novas metas, novos horizontes. Se está perdido, é tempo de se achar. Se não tem sonhos, é tempo de sonhar novamente, não importa a idade, nem a condição que você se encontra. Levante-se e ande! Saiba que, para as coisas começarem a mudar, é preciso que você mude.

Há um ditado que afirma: "Deus prova e depois aprova". Ter atitude diante da vida, diante da dor, é não se deixar abalar diante dos obstáculos; é nunca perder a fé. É dominar o medo e libertar a coragem para superar os obstáculos que existem dentro de você.

Pois tudo está em você! Você decide pela vitória!

CAPÍTULO 11

A vulnerabilidade da mulher na sociedade patriarcal

Uma busca histórica pela igualdade

Dr. Pessôa de Mello é um profundo conhecedor do setor jurídico, destacando-se por sua formação em Direito nas universidades Cândido Mendes e Estácio. Com pós-graduação em Direito Tributário, acumulou experiência em escritórios renomados como Machado Meyer e Paulo Elisio de Sousa. Posteriormente, teve destaque na Secretaria Extraordinária de Articulação Institucional do Estado da Paraíba, atuando em Relações Institucionais, antes de fundar a JPPM Consultoria. Em Pernambuco, atuou como gestor de investimentos na Agência de Desenvolvimento Econômico, posteriormente gerenciando o setor de contratos na ilha de Fernando de Noronha. Com mais de 20 anos de experiência, fundou o Escritório Alencar e Pessôa de Mello Advogados – APM.

DR. JOÃO PAULO LYRA PESSÔA DE MELLO

OAB/PE 58.972

Com a colaboração de Maria Aparecida dos Santos Carvalho

(Acadêmica de Direito)

Contatos:

LinkedIn: https://br.linkedin.com/in/jo%C3%A3o-paulo-lyra-pessoa-de--mello-41b9031b4

Instagram: @joaopaulolpmello

A desigualdade de gênero é uma construção social histórica, reforçada por crenças e instituições patriarcais. Desde a Antiguidade, a mulher foi subordinada ao homem, visão consolidada por filósofos como Aristóteles. Ao longo dos séculos, a opressão persistiu, mas a resistência feminina cresceu. No Brasil, leis como a Maria da Penha e a do Feminicídio representam avanços, mas desafios como a impunidade e o preconceito velado ainda persistem.

PARADIGMAS ACERCA DA MULHER

A desigualdade de gênero entre homens e mulheres é uma construção social que transcende os tempos, sendo reforçada por crenças, tradições e estruturas de poder. Desde a Antiguidade, a mulher foi relegada a papéis secundários, frequentemente descrita como um ser incompleto ou subordinado ao homem. Essa visão teve respaldo na filosofia grega, na religião e nas instituições sociais que, ao longo dos séculos, consolidaram a supremacia masculina.

Aristóteles, em *História dos animais*, descrevia a mulher como uma variação imperfeita do homem, destinada à reprodução e à subordinação. Essa percepção perpetuou a exclusão das mulheres da vida pública e da política, consolidando um cenário no qual sua atuação se restringia ao espaço doméstico. Simone de Beauvoir, em *O segundo sexo* (1949), desafiou essa narrativa ao afirmar: “Não se nasce mulher, torna-se mulher”, enfatizando que a subordinação feminina não é natural, mas sim socialmente construída.

A filósofa Martha Nussbaum, em *A fragilidade da bondade* (1994), reforça que a filosofia grega nunca reconheceu plenamente a humanidade das mulheres, reduzindo-as a seres menores, sem capacidade plena de participação na sociedade. Com o tempo, essa visão se consolidou por meio de leis, doutrinas religiosas e práticas culturais que, até os dias atuais, dificultam a emancipação feminina.

OPRESSÃO E RESISTÊNCIA AO LONGO DA HISTÓRIA

Na Idade Média, a opressão feminina atingiu novos patamares, com a Igreja Católica associando a mulher ao pecado e à impureza. A misoginia institucionalizada se manifestou de maneira brutal na caça às bruxas, quando mulheres que desafiaram normas patriarcais foram perseguidas e executadas. Silvia Federici, em *O ponto zero da revolução* (2004), destaca que a caça às bruxas não foi apenas um episódio de perseguição religiosa, mas um meio de controle social que reforçou a subordinação feminina.

Com o Iluminismo e a ascensão das revoluções sociais nos séculos XVII e XVIII, os ideais de liberdade e igualdade começaram a questionar a exclusão das mulheres. Mary Wollstonecraft, em *Reivindicação dos direitos da mulher* (1792), foi uma das primeiras pensadoras a exigir a inclusão feminina nos direitos civis. No entanto, as mudanças foram lentas, e a luta pela igualdade se intensificou apenas no século XX, quando as mulheres conquistaram direitos fundamentais como o voto, a educação e o acesso ao mercado de trabalho.

A REALIDADE BRASILEIRA: AVANÇOS E DESAFIOS

No Brasil, a luta feminina encontrou obstáculos semelhantes aos enfrentados em outras sociedades patriarcais. Apenas em 1932 as mulheres conquistaram o direito ao voto, e a Constituição de 1988 garantiu a igualdade formal entre os gêneros. Entretanto, a desigualdade persiste em diversas áreas, desde a disparidade salarial até a violência de gênero.

A Lei Maria da Penha (Lei n. 11.340/2006) representou um avanço significativo no combate à violência doméstica, proporcionando mecanismos eficazes de proteção às mulheres vítimas de agressões. O Código Penal Brasileiro também foi atualizado para tipificar o feminicídio como crime hediondo, conforme previsto na Lei n. 13.104/2015.

No âmbito trabalhista, a Consolidação das Leis do Trabalho (CLT) prevê proteções específicas para as mulheres, incluindo a licença-maternidade de 120 dias garantida pela Constituição Federal (art. 7º, XVIII) e a igualdade salarial (art. 461 da CLT). A Lei n. 14.611/2023 reforça a obrigatoriedade da igualdade salarial entre homens e mulheres, estabelecendo mecanismos de fiscalização e penalidades para empresas que descumprirem essa regra.

Além disso, o Estatuto da Mulher (Lei n. 14.192/2021) trata da proteção contra a violência política de gênero, garantindo que as mulheres possam exercer seus direitos políticos sem serem alvo de ataques misóginos ou discriminação.

Ademais, alguns estados brasileiros já implementaram legislações específicas voltadas para a proteção das mulheres. Por exemplo:

- **Rio de Janeiro:** possui a Lei n. 8.378/2019, que obriga bares, restaurantes e casas noturnas a adotarem medidas de proteção às mulheres em situação de risco.
- **Brasil:** implementou a Lei n. 14.857/2024, que prevê o sigilo e a proteção de dados de mulheres vítimas de violência doméstica.

Embora essas iniciativas representem avanços, há um problema persistente e estrutural: a falta de efetividade no cumprimento dessas normas. Muitas das proteções previstas na legislação não são aplicadas de forma rigorosa, seja pela ausência de fiscalização adequada, seja pela resistência institucional na implementação de políticas públicas eficazes. Assim, a legislação, por si só, não é suficiente se não houver um compromisso real das autoridades na garantia dos direitos das mulheres. A impunidade e a burocracia muitas vezes servem como barreiras para que as vítimas tenham acesso à justiça, perpetuando um ciclo de violência e desigualdade.

A FORÇA DAS MULHERES NORDESTINAS: EXEMPLOS DE SUPERAÇÃO

No cenário brasileiro, muitas mulheres desafiaram a estrutura patriarcal e se tornaram símbolos de resistência e transformação social. Três figuras emblemáticas ilustram essa trajetória de luta:

- **Maria Quitéria (1792-1853):** considerada a primeira mulher a integrar o Exército Brasileiro, Maria Quitéria rompeu barreiras ao se disfarçar de homem para lutar na Guerra da Independência da Bahia. Sua bravura e determinação a tornaram um ícone da luta feminina por espaço em áreas tradicionalmente masculinas.
- **Patrícia Galvão (Pagu) (1910-1962):** escritora, jornalista e militante feminista, Pagu desafiou as convenções sociais ao se engajar em movimentos políticos e culturais, denunciando a opressão feminina em suas obras. Sua trajetória é um exemplo de resistência intelectual e artística contra o patriarcado.
- **Maria da Penha Maia Fernandes:** símbolo da luta contra a violência doméstica, Maria da Penha sobreviveu a duas tentativas de feminicídio e transformou sua dor em um movimento que resultou na criação da lei que leva seu nome. Sua história demonstra a capacidade de resiliência e transformação social que as mulheres nordestinas carregam consigo.

A NECESSIDADE DE UMA REPROGRAMAÇÃO SOCIAL

Para que as leis sejam efetivas, é necessário que haja uma mudança cultural profunda na sociedade. A violência contra a mulher não é um problema isolado, mas sim um reflexo de valores patriarcais enraizados que precisam ser desconstruídos. Isso exige um trabalho educacional intenso, que deve começar desde a infância, promovendo igualdade de gênero e respeito às mulheres.

A reprogramação social passa por ações governamentais, educacionais e comunitárias. A inclusão de disciplinas sobre igualdade de gênero nas escolas, campanhas públicas de conscientização e programas de apoio psicológico para vítimas e agressores são algumas das medidas fundamentais para transformar a mentalidade coletiva e prevenir a violência contra a mulher.

Além disso, é preciso questionar e combater a cultura da impunidade, que muitas vezes desencoraja as mulheres a denunciarem seus agressores. É fundamental que a sociedade enxergue a violência contra a mulher como um problema coletivo e não apenas como uma questão individual.

A IMPORTÂNCIA DA DENÚNCIA: UM DEVER SOCIAL

A denúncia é um dos principais instrumentos de combate à violência contra a mulher. No entanto, muitas vítimas ainda hesitam em procurar ajuda pelo medo de represálias, por causa da dependência financeira ou da falta de apoio familiar e institucional.

A Lei Maria da Penha já estabelecia mecanismos de proteção às vítimas, como medidas protetivas de urgência, mas a nova legislação reforça a obrigatoriedade da atuação do Estado e da sociedade no acolhimento a essas mulheres.

A denúncia deve ser vista como um dever social. É responsabilidade de todos – amigos, familiares, vizinhos e até mesmo desconhecidos – denunciar casos de violência. O silêncio muitas vezes perpetua o ciclo de abusos, enquanto a denúncia pode salvar vidas.

Canais como o Ligue 180 e as delegacias especializadas são ferramentas fundamentais para garantir que as mulheres tenham acesso à Justiça e à proteção necessária.

O PRECONCEITO VELADO: UMA BARREIRA INVISÍVEL

Mesmo com os avanços legislativos, as mulheres ainda enfrentam um obstáculo silencioso: o preconceito velado. Esse tipo de discriminação não se manifesta de maneira explícita, mas está presente em atitudes e discursos que desvalorizam, culpabilizam ou minimizam a experiência da mulher vítima de violência.

Comentários como "ela provocou", "se estivesse em casa, isso não teria acontecido" ou "por que não saiu antes?" demonstram como a sociedade ainda responsabiliza a vítima, em vez de focar na punição ao agressor.

Esse preconceito também se manifesta no mercado de trabalho, na política e até mesmo no sistema judiciário, onde muitas mulheres têm sua credibilidade questionada ao denunciarem abusos. Superar essa barreira exige um esforço coletivo para desconstruir estereótipos e garantir que a mulher seja ouvida e protegida em todas as esferas da sociedade.

O FUTURO DA IGUALDADE DE GÊNERO

Embora avanços significativos tenham sido alcançados, a luta pela igualdade de gênero ainda está em curso. A resistência feminina tem sido crucial para promover mudanças estruturais, mas os desafios persistem, especialmente no que diz respeito à violência, à discriminação e à desigualdade econômica.

A construção de uma sociedade mais justa exige não apenas políticas públicas eficazes, mas também uma mudança cultural que desmonte os alicerces do patriarcado. O reconhecimento da importância da mulher em todos os setores da sociedade é essencial para garantir um futuro em que homens e mulheres tenham igualdade de oportunidades.

CONSIDERAÇÕES FINAIS

A luta pela igualdade de gênero e pelo fim da violência contra a mulher ainda enfrenta desafios complexos, mas avanços como a Lei n. 14.541/2023 demonstram que mudanças são possíveis. No entanto, para que essas conquistas sejam efetivas, é fundamental que a sociedade passe por uma reprogramação social, eliminando preconceitos e promovendo a igualdade desde cedo.

A denúncia deve ser incentivada e vista como um dever coletivo, pois apenas com o envolvimento da sociedade será possível romper o ciclo de violência. O preconceito velado precisa ser combatido diariamente, para que as mulheres não sejam silenciadas, desacreditadas ou responsabilizadas pelos abusos que sofrem.

Garantir que essas leis sejam aplicadas na prática e que as mulheres tenham o suporte necessário para reconstruir suas vidas é um compromisso que deve ser assumido por todos. A construção de uma sociedade justa, igualitária e livre de violência contra a mulher depende de cada um de nós.

REFERÊNCIAS

ARISTÓTELES. *História dos animais*. Trad. Maria de Fátima Sousa e Silva. São Paulo: Editora WMF Martins Fontes, 2014.

BEAUVOIR, S. *O segundo sexo*. Rio de Janeiro: Nova Fronteira, 2012.

BRASIL. Constituição da República Federativa do Brasil. *Constituição da República Federativa do Brasil de 1988*. Brasília, 5 out. 1988.

BRASIL. Decreto-Lei n. 5.452, de 1º de maio de 1943. Aprova a Consolidação das Leis do Trabalho. *Diário Oficial da União*, Brasília, 9 maio 1943.

BRASIL. Lei n. 11.340, de 7 de agosto de 2006. Dispõe sobre a violência doméstica e familiar contra a mulher e altera o Código Penal e a Lei de Execução Penal. *Diário Oficial da União*, Brasília, 8 ago. 2006.

BRASIL. Lei n. 13.104, de 9 de março de 2015. Altera o Código Penal para tipificar o feminicídio como homicídio qualificado. *Diário Oficial da União*, Brasília, 10 mar. 2015.

BRASIL. Lei n. 14.192, de 15 de agosto de 2021. Institui o Estatuto da Mulher, para proteção contra a violência política de gênero. *Diário Oficial da União*, Brasília, 16 ago. 2021.

BRASIL. Lei n. 14.611, de 17 de março de 2023. Dispõe sobre a igualdade salarial entre homens e mulheres. *Diário Oficial da União*, Brasília, 20 mar. 2023.

BRASIL. Lei n. 14.857, de 1º de janeiro de 2024. Prevê o sigilo e a proteção de dados de mulheres vítimas de violência doméstica. *Diário Oficial da União*, Brasília, 2 jan. 2024.

FEDERICI, S. *O ponto zero da revolução*. São Paulo: Elefante, 2019. p. 98.

FERNANDES, M. da P. *Sobrevivi... Posso contar*. 1. ed. São Paulo: Armazém da cultura, 2014. 220 p.

MAIA, H. T. C. Maria Quitéria/Soldado Medeiros: o soldado que (não) era. Terra Roxa e Outras Terras: *Revista de Estudos Literários*, v. 40, p. 57-67, 2021.

NUSSBAUM, M. *A fragilidade da bondade*. São Paulo: WMF Martins Fontes, 2009. p. 45.

PEREIRA, A. F. C. M. P. *A atuação política da escritora Pagu (Patrícia Galvão) em textos do jornal "O homem do povo"*. 2023. Trabalho de conclusão de curso (Graduação) – Universidade Federal do Mato Grosso do Sul, Campo Grande, 2023.

RIO DE JANEIRO. Lei n. 8.378, de 25 de junho de 2019. Dispõe sobre medidas de proteção às mulheres em bares, restaurantes e casas noturnas. *Diário Oficial do Estado do Rio de Janeiro*, Rio de Janeiro, 26 jun. 2019.

WOLLSTONECRAFT, M. *Reivindicação dos direitos da mulher*. São Paulo: Boitempo, 2016. p. 134.

CAPÍTULO 12

A renovação por meio do propósito e da fé

Publicitária com MBA em Marketing pela Fundação Getulio Vargas (FGV), mãe de pets e espiritualista. Atua há 24 anos nas áreas de produção gráfica e audiovisual, com passagem por grandes agências da Região Metropolitana de Campinas, atuando como produtora e responsável pela gestão da verba e produção de grandes clientes de diversos segmentos. Recebeu o Prêmio Profissionais do Ano em 2016 como produtora executiva do filme *Companhia Athletica 30 anos*. Ao longo de sua carreira, realizou diversos cursos e treinamentos para especialização na área de gestão de compras e negociação. Em 2018, fundou a About Soluções, empresa especialista na gestão de compras e materiais de marketing, trade e endomarketing. Desde então, já atendeu mais de 130 clientes, sendo empresas de todos os segmentos e agências de publicidade e propaganda, atuando na execução e viabilização de grandes *cases* e projetos. Atualmente, está lançando o mais novo produto da About, o BPO (*Business Process Outsourcing*) de compras de marketing direcionado a pequenas e médias empresas (PMEs), para ajudar ainda mais na gestão inteligente da verba de marketing.

JULIANA MOURA

Contatos:

www.aboutsolucoes.com.br
juliana@aboutsolucoes.com.br
Instagram: @juliana_about
19 99166 8624

O capítulo relata como consegui atravessar as piores fases do luto e das perdas que tive, a partir da conexão com meu propósito empreendedor, da minha fé e espiritualidade.

AS PERDAS

Era janeiro de 2022 e algo transformador estava por acontecer em minha vida.

Após o rompimento de um noivado, eu me encontrava reclusa e introspectiva, refletindo sobre erros e acertos. Porém, no dia cinco, meu chão simplesmente sumiu quando soube do suicídio de meu ex-noivo, pouco depois de ter falado com ele naquele mesmo dia.

Ainda hoje não consigo encontrar palavras que descrevam aquele dia em minha vida. Não sei que termos usar para demonstrar a dor que senti e os sentimentos que se misturaram dentro de mim.

Posso dizer que uma tristeza profunda tomou meu coração, de forma que sorrir se tornou pesado e o choro estava presente em todos os meus dias.

Dias esses que seguiram, e eu ainda estava lá, tentando lidar com um misto de sentimentos que nem sequer conseguia assimilar dentro de mim. Foi então que, no dia 27 de janeiro, sofri outra perda: meu irmão se foi, vítima das drogas.

E, dentro de mim, mais luto, mais choro, mais dor, mais culpa.

Era como se houvesse dois buracos, que doíam de formas diferentes, mas que elevaram o luto a um processo tão doloroso que não consigo quantificar o que senti.

Nos dias e meses que se seguiram, eu de certa forma paralisei; era como se não tivesse energia para cumprir minhas funções. Como se não encontrasse prazer em mais nada.

Sempre fui uma pessoa que não gosta de passar por cima dos sentimentos e de fato não acredito que bons resultados venham quando tentamos "correr" para a próxima fase sem o devido aprendizado da fase anterior.

Assim, eu apenas fui vivendo os dias, buscando os apoios necessários, realizando terapias e tratamentos, contando com bons amigos, apoio da minha família e a minha fé em Deus e na espiritualidade.

Mais um tempo se passou e dessa vez meu gatinho adoeceu e partiu em poucos dias. Após uma jornada de 12 anos juntos, novamente fui tomada pela dor da perda e da tristeza.

Olhando para trás, vejo que 2022 foi um ciclo de perdas e percebo dores totalmente diferentes acerca de cada uma que vivi.

Hoje digo que o luto é um processo que pode, sim, ter fases, mas ele não é finito: ele vai se transformando a fim de que você possa ir retomando sua vida... mas sempre estará lá de alguma forma.

O APOIO

Como mencionei anteriormente, nesses meses tive o apoio essencial de amigos e família, mas também não posso deixar de lembrar de clientes e parceiros de negócios que estenderam suas mãos e entenderam a complexidade do momento, com paciência e amparo.

Nessa época, a About tinha quatro anos e já tínhamos clientes consolidados e próximos. Por alguns meses, apenas tarefas essenciais foram cumpridas e, até que eu pudesse retomar, eles estiveram comigo. Digo isso pois, após voltar às atividades, eu não havia perdido clientes e, melhor ainda, vi que tinha ganhado alguns amigos que me apoiaram e incentivaram.

Dentro de mim, por um tempo, era como se houvesse um vale sombrio e escuro, o qual eu visitava diariamente, e por vezes assumo que foi muito difícil sair dele.

Mas, analisando tudo hoje, não posso deixar de valorizar o quanto a About e a espiritualidade foram fundamentais para meu recomeço.

Atuo na área de Publicidade e Marketing há 24 anos e hoje a About tem seis anos. Com certeza posso dizer que amo o que faço. Quando criei a empresa, tive dentro de mim o propósito muito claro de ser para meus clientes uma empresa que traz soluções e resolve as dores do dia a dia do marketing.

Em minha carreira como produtora, sempre prezei por buscar a solução e resolver as coisas da melhor forma para a empresa e para o cliente. Isso esteve sempre dentro de mim. Além disso, eu sempre vivenciei o "amor na entrega", o fato de ver um projeto criativo sair do papel e ganhar forma por minha gestão e minha produção sempre foi especial pra mim.

Hoje, olhando para trás, posso afirmar com clareza que o amor ao que faço e o propósito da About me ajudaram a passar pelas fases de lutos e dores que eu vivi, e, mais ainda, me impulsionaram a retomar.

Aos poucos, conforme fui voltando, os projetos foram reaparecendo, o que me deu uma injeção de ânimo para continuar. Começar a entregar novos materiais e ver as campanhas prontas foi renovador para mim.

Além disso, comecei a ouvir dos meus clientes como era bom a About e eu estarmos de volta, pois nossa entrega era especial e alguns deles sentiam nosso amor ao propósito acontecer e isso fazia a diferença.

Também ouvi que ninguém resolve as coisas tão bem como a About, e que alguns clientes estavam com saudades de se sentirem tranquilos enquanto a gente cuidava de tudo.

A FÉ

Aliada ao propósito, não posso deixar de falar da fé e da espiritualidade, que também foram fundamentais nessa jornada de recomeço. Muitas vezes eu senti a presença divina ao meu lado, me amparando, me abraçando e me acolhendo em meio a lágrimas e ao sofrimento.

Está claro para mim que Deus usou pessoas e amigos para me trazer mensagens, recados do plano espiritual para que eu pudesse aos poucos me reerguer e voltar.

Analisando profundamente, se não fosse a clareza do propósito da About, a satisfação que tenho a cada projeto entregue e o fato de eu realmente gostar do que faço, imagino que teria uma imensa dificuldade para realizar a retomada e com certeza esse processo seria mais lento.

Todo ser humano passa por lutas, desafios e dores (de diversas origens). Penso que, se dentro de nós não houver pelo que lutar, de que vale a jornada?

O PROPÓSITO

É preciso que cada um encontre seu propósito, para que ou por que você faz o que faz. É preciso ter a consciência da sua importância para seu microambiente e para o Universo.

Nos últimos tempos, vejo que muitos querem transformar o sentido de propósito em algo muitas vezes tão fantasioso, que as pessoas não conseguem ter clareza dele, pois se perdem tentando criar um show para definir seu propósito.

E propósito não é isso, não é uma fantasia, não é como fogos de artifício estourando... muitas vezes o propósito está no simples, naquilo que te faz levantar de sua cama e ter força para encarar seus desafios.

Aqui eu digo: não se compare ao outro quando pensar ou encontrar seu propósito, pois ele é única e exclusivamente seu. É parte da sua vida, de sua jornada, como se fosse sua impressão digital.

Lembre-se de que não há um propósito mais nobre que outro; o importante é que ele seja sua mola propulsora, como foi para mim em minha jornada de retorno.

Hoje olho pra trás e vejo o carinho imenso que tenho pelos meus clientes, parceiros e fornecedores e vejo o papel que cada um desempenha para a realização do propósito da About e do meu propósito. Isso alegra meu coração e me motiva a seguir mesmo diante de dificuldades e tempestades.

Quanto à fé, como ela é também importante, e veja: não falo aqui de religião... eu falo de espiritualidade, de conexão com o que é divino para você e sua vida.

Minha jornada espiritual havia começado havia cerca de cinco anos quando todos esses fatos aconteceram e com certeza posso afirmar que tudo o que eu vivi espiritualmente acabou formando em mim uma base para atravessar esse imenso vale de dor, luto, culpa e sofrimento.

Por isso, se o leitor me permite um conselho, seria este: alimente sua fé para que ela possa se expandir em sua alma, seu coração e seu ser como um todo.

Na hora da luta, você sentirá a diferença de se sentir amparado(a) espiritualmente.

Pode soar um pouco estranho, mas tenho a percepção de que às vezes, mesmo estando acompanhados de pessoas ao nosso lado, podemos nos sentir sozinhos, ou até mesmo vazios. Nesse sentido, viver de fato em comunhão com a espiritualidade pode fazer a diferença, pois você sabe que alguém no plano espiritual se importa com você, e esse amparo é totalmente diferente do amparo do ser humano.

Sob meu ponto de vista, propósito e fé caminham lado a lado, formando uma engrenagem que se retroalimenta, dia após dia. No meu caso, foram meus apoios para fazer um processo de retomada e reconstrução em minha vida.

Posso dizer a vocês que o luto é uma porta de visitação ao passado, para onde você vai constantemente para ver se algo não podia ser diferente. No começo, isso nos corrói por dentro, pois pensamos em possibilidades que não aconteceram e jamais poderão ser viáveis. E é aí que, ao longo do processo, suas bases de força entrarão em ação, para que você não se perca no que não aconteceu.

O QUE NOS MOVE?

No meu caso, aos poucos o propósito e a fé foram se firmando nos meus dias, como se me mostrassem que havia um porquê para eu estar aqui e que ainda havia muito a ser feito.

Ter clareza do quão importante para mim é executar meu propósito de realmente proporcionar ao meio, ao mercado e aos meus clientes uma empresa que atue com o objetivo de apoiar, solucionar e entregar projetos com a melhor qualidade possível, me ajudou a sair da prostração e me levantar da cama para poder seguir.

Aquilo que move você pode ter diferentes origens; no meu caso, ela está mais ligada ao empreendedorismo e a ajudar o mercado e outros empresários, mas você pode encontrá-la em outras frentes. Há pouco tempo, ouvi de um amigo que o propósito dele é ser a cada dia um ser humano melhor para que seus filhos se espelhem nele ao longo de sua jornada. Isso me tocou profundamente.

Não importa a origem do seu propósito, mas fica o meu convite a você para que sempre o visite dentro de si, a fim de que ele não diminua diante dos desafios de sua vida, fazendo com que você se torne apenas uma pessoa vivendo no automático. Por favor, não faça isso!

E sobre a fé... ah, como ela me ajudou a também não ficar presa ao passado e até mesmo a voltar a confiar no futuro!

Quando estamos no meio do turbilhão, é como se não enxergássemos um passo à frente, o que nos tira a visão de um horizonte e é aí que a fé faz toda a diferença, nos convidando a pensar que o impossível e o improvável também fazem parte da jornada da vida.

Quando olho para trás e reflito sobre tudo isso que passei, posso afirmar que a fé foi a responsável pela saída da depressão que se instalou. Como sabemos, a depressão é estar preso ao passado, e é lá que eu estava.

Porém, com a fé eu pude sair; claro que sentindo o amparo divino e espiritual, mas pela fé eu também pude clarear as ideias e assentar minha mente, entendendo que ainda havia boa parte da vida pela frente, e isso me ajudou a voltar a lembrar que o futuro existe e que cabia a mim retornar e viver dia após dia, semeando o que de melhor eu pudesse para que esse futuro seja bom.

Reforço novamente: não importa sua religião, pois sua fé deve ser mais do que uma bandeira ou dogmas. A fé tem que ser muito mais profunda que isso, dizendo respeito a sua vivência com o espiritual, a realmente crer no que não se pode ver e tocar, mas você sabe que está lá presente, olhando e zelando por você.

Grandes processos de provações de fato nos transformam, e sei que cada pessoa passa pelos seus. Cabe a nós encontrarmos as ferramentas e pessoas que poderão nos amparar e nos guiar para o recomeço, para uma nova jornada.

Hoje olho para trás e vejo que definitivamente não sou a mesma pessoa, pois transformações profundas aconteceram em mim, assim como mudanças na forma de enxergar muitas coisas na vida, o que me leva a ter outras atitudes e posturas.

Sobre a dor do luto, como mencionei anteriormente, ela nunca some; apenas vai se mudando. As ferramentas que temos nos ajudam a conviver com ela e seguir adiante.

Para mim, o propósito e a fé foram as melhores ferramentas que poderia ter encontrado para atravessar todos esses momentos, sem pular etapas e tentando aprender algo com cada tipo de fato ou dor que surgia.

Espero que na jornada da vida você também encontre suas ferramentas, e que tenha sabedoria e as agarre com força para que possam lhe amparar em seus caminhos e durante suas atribulações. Dessa forma, você sairá de suas batalhas um pouco mais sábio e resiliente.

CAPÍTULO 13

Branca de Neve e os gigantes

Uma jornada de superação

Psicóloga clínica sênior, mentora em inteligência emocional e fundadora da Arquitetura do Pensar. Graduada em Administração (Centro Universitário UNA) e Psicologia (Fundação Mineira de Educação e Cultura – Fumec), especializou-se em Terapia Cognitiva de Esquema e EMDR. Oferece atendimento clínico e treinamentos em saúde mental para empresas, aliando inovação e exclusividade. Pós-graduanda em Neurociências, criou o movimento Iluminadas pela Palavra, já na sexta edição, promovendo transformação em mulheres. Com mais de 23 anos de experiência, integra psicologia, espiritualidade e práticas de atenção plena para inspirar mulheres a superar desafios internos e conquistar vidas autênticas e plenas.

KEILA CALIL B. RIBAS

Contatos:

keilacalil@arquiteturadopensar.com
Instagram: @keilacalilpsi
LinkedIn:

Este capítulo conta a jornada de uma mulher que, assim como a Branca de Neve, enfrentou seus "gigantes": padrões internos como medo, vergonha e perfeccionismo. Com coragem, autoconhecimento e espiritualidade, ela resgatou sua verdadeira essência e aprendeu a liderar sua vida com compaixão e propósito.

Por muito tempo, fui chamada de Branca de Neve. No início, parecia um apelido inofensivo, até mesmo carinhoso. Mas, com o passar dos anos, compreendi que ele simbolizava algo maior: uma fase da minha vida em que me sentia aprisionada por gigantes invisíveis. Esses gigantes não eram sete anões simpáticos, como na história, mas forças internas que, em vez de me proteger, me paralisavam. Eram padrões de pensamento e emoções que distorciam a percepção do meu verdadeiro propósito.

Assim como a Branca de Neve da fábula foi acolhida por sete anões, fui acompanhada por algumas pequenas vozes. A crítica exagerada, a vergonha, a busca por aprovação, a invisibilidade, o perfeccionismo, a ansiedade e, por fim, a agressividade: esses eram os inimigos internos que roubavam minha força, minavam minha energia e me afastavam de quem eu estava destinada a ser. Meu conto de fadas não era um refúgio seguro, mas uma batalha constante para encontrar minha verdadeira voz em meio ao caos interno.

Este capítulo é uma jornada por esses confrontos, mas também por descobertas transformadoras. Foi um processo de aprender a ouvi-los, compreendê-los e, acima de tudo, superar suas influências. Descobri que esses gigantes não me definem; eles são apenas capítulos de uma história que reescrevi com coragem, compaixão e propósito.

Se você está aqui, lendo este capítulo, talvez esteja enfrentando seus próprios gigantes. Pode ser que eles tenham nomes diferentes, mas a sensação é a mesma: estar presa, insegura e buscando sentido. Quero compartilhar com você as ferramentas que me ajudaram a reescrever minha história. Porque, no final, a maior vitória não é apenas sobre nossos inimigos internos, mas sobre a narrativa que criamos para nós mesmas.

Descobri que não estou sozinha nesta jornada. Todas as mulheres, em algum momento, precisam enfrentar seus gigantes, mas juntas podemos aprender a transformá-los em escadas para um propósito maior. Se você já se sentiu pequena diante de grandes desafios, lembre-se: dentro de você existe uma força maior do que qualquer gigante. Esta é a história de como encontrei essa força e me tornei a Branca de Neve que venceu seus gigantes.

DA INFÂNCIA À JUVENTUDE

Na infância e na adolescência, eu era chamada de Branca de Neve. Esse apelido, embora parecesse carinhoso, refletia uma parte de mim que estava escondida: alguém que tentava agradar, se encaixar e sobreviver emocionalmente. Fui filha única durante nove anos e, em virtude da educação moral e religiosa rígida que recebi, tive de me conformar a ter o comportamento de uma menina boazinha, como a Branca de Neve. Assim como ela, lembro de amar cantar. Fazia isso o tempo todo enquanto buscava coisas novas para fazer. Todos os dias inventava alguma história na minha cabeça para contar a uma audiência imaginária. Era divertido e cheio de música. Porém, isso não agradava alguns adultos que por várias vezes criticavam minha voz, dizendo: "Que voz insuportável!". Então, aquela menina cantante aprendeu a acolher sua primeira companhia: a voz crítica, a "voz da madrasta". Ela ouviu tantas vezes que sua cantoria era ruim, inoportuna e que não parava quieta, que finalmente aprendeu a não cantar, não falar, não sorrir e só concordar.

Certa vez, na escola, fui escolhida para hastear a bandeira. Para muitos, poderia ser um privilégio, mas, para mim, era um momento sofrido. Enfrentei o desafio, afinal, só os melhores alunos conseguiam essa honra. Vesti-me de calma por fora, mas tinha muito medo por dentro. A bandeira subia e descia, sem muita firmeza, mas consegui cumprir a tarefa. Saí dali satisfeita, sorrindo, aliviada. Até que um colega querido comentou: "Não consegue nem hastear uma bandeira direito". Aquela frase me marcou. A vergonha engoliu a pequena vitória que eu havia conquistado e, mais uma vez, voltei para o conforto da invisibilidade. Aprendi que ser vista era perigoso e humilhante. Então, a Branca de Neve agora tinha a companhia constante destes pequenos anões: a voz crítica e, a partir daquele momento, a vergonha.

Mal sabia que, na adolescência, a exigência iria aumentar. Não poderia mais se vestir como queria; tinha de impressionar seus pares. Senão, outra voz começava a ruminar: a busca pela aprovação. Como era importante agir igual, ser avaliada de maneira boa, ser vista como alguém que fazia coisas boas. A "popular" ganhava importância e alojamento dentro dela. Porém, com algumas experiências de rejeição adolescente, logo apareceu a invisibilidade como opção. "Se não puder ser a popular, que tal me encaixar?". Assim, a jovem Branca de Neve aprendeu a se diluir para não ser percebida e, para não parecer desigual, sua voz diminuiu tanto que foi engolida. Lembra daquele anão que não falava? Pois é... ela emudeceu.

Aparentemente, essas vozes eram inofensivas, quase como os anões da fábula. A voz crítica, a vergonha, a popular, a invisível, todas pareciam até mesmo cooperar para que ela se adaptasse melhor. Então, por que ela se sentia tão mal? Aquelas pequenas vozes, aqueles anões não a deixavam. Ela cuidava deles e eles cuidavam dela. Pareciam algo familiar.

O ENCONTRO COM OS CAÇADORES

Branca de Neve cresceu acreditando que, se fosse boazinha, estudiosa e educada, o mundo seria justo com ela. Quando chegou a hora de escolher sua profissão, as vozes que habitavam sua mente deram a direção: "Você precisa ser a melhor, a chefe, a que manda. Só assim será respeitada". Com essas palavras ecoando, ela seguiu em busca do sucesso, confiante de que o estudo e o esforço seriam suficientes.

Mas, ao entrar no mercado de trabalho, percebeu que a realidade era muito diferente. O ambiente era hostil, cheio de "caçadores", pessoas que não hesitavam em ferir para sobreviver. Branca acreditava na bondade, mas ali ninguém parecia valorizar essa qualidade. Em vez de respeito e apoio, encontrou competição e isolamento. Depois de alguns anos tentando fortemente se tornar uma caçadora, acolheu o perfeccionismo que parecia tão útil, tão sensato e profissional, mas a deixava paralisada diante de tantas exigências. Acolheu a ansiedade que vivia, trazendo insegurança do futuro. Ela acordava e dormia com essas pequenas vozes, esses anões falando e guiando suas ações todos os dias. Até que seu corpo começou a dizer que algo estava errado. Não era drama, era uma estratégia sábia do corpo para lhe dizer: "Não está dando certo, você está sofrendo".

A TRANSFORMAÇÃO DOS ANÕES EM GIGANTES

As vozes internas, que antes eram como pequenos companheiros quase fofos, começaram a crescer. Cada uma delas ganhou força e forma, até se tornarem gigantes intimidadores. A crítica exagerada/má agora berrava, a busca pela aprovação era insaciável, o perfeccionismo nunca estava satisfeito. Ansiedade e medo a cercavam como um conselho de gigantes.

Branca já não era mais dona de si. Ela andava zangada com quem amava, calada com quem a humilhava, e constantemente se comparava com todos ao seu redor. Aqueles gigantes controlavam cada pensamento, cada ação, cada emoção. Dia e noite, as vozes gritavam. Não havia descanso ou paz. Branca de Neve estava aprisionada com aqueles gigantes.

O FUNDO DO POÇO: A DEPRESSÃO

Então, aconteceu o inevitável. Foram tantos fundos de poço, que o corpo adoeceu, a mente se afastou de sua verdadeira identidade, e nada mais fazia sentido. O esgotamento mental, a exaustão física e emocional, o burnout... E, por fim, a depressão.

A depressão chegou como um sono profundo. Um vazio que parecia ocupar todos os espaços de sua alma. A frieza que anestesiava. A fome que desaparecia, mas gritava de outra forma dentro dela. Branca de Neve dormiu. Não o sono da paz, mas o da desconexão.

A TERAPIA E O RECONHECIMENTO DOS GIGANTES

Foi nesse momento de completo silêncio interno que algo mudou. Surgiu uma possibilidade: a busca por ajuda. Pela primeira vez, Branca de Neve se permitiu ser vulnerável e buscar apoio. Foi para a terapia, um lugar estranho, mas acolhedor. Ali ela encontrou um espaço seguro onde podia ser fraca, desmoronar, chorar, falar em alto e bom-tom o que sentia e pensava. Ali ela podia entender o que sentia e aceitar o que pensava e o que fazia.

A cada sessão, um gigante era apresentado. Não como um inimigo, mas como uma parte de sua história. Branca aprendeu a olhar para eles de outra forma. Passou a aceitar que cada um tinha sua função no passado, mas que não precisavam mais controlá-la no presente. Ela percebeu que se sentia familiarizada com cada anão que tinha se tornado um gigante. Porém, já não faziam bem a ela. Aos poucos, descobriu algo incrível. Quanto mais enfrentava seus gigantes, menores eles ficavam, mais fracos e desnecessários. A cada sessão de reprocessamento de suas memórias, uma nova história se formava. Era na verdade a sua história, não mais a dos gigantes.

Ela se lembrou de quem era em sua essência, lá na infância, antes de todas as vozes. No momento mais puro de sua vida, nenhum daqueles gigantes existia. Eles não eram parte dela. Não eram sua família. Eles estavam lá porque ela acreditava que precisava deles para sobreviver. Mas, agora, ela sabia a verdade: eles não faziam parte de sua identidade. A verdade exposta foi liberando-se da influência deles.

Essa descoberta trouxe uma força nova. Branca aprendeu a tratar-se com bondade e autoaceitação. Sua história não precisava ser rejeitada, mas sim compreendida. Cada erro e fracasso eram partes importantes de sua jornada, mas não definiam quem ela era. Pela primeira vez, Branca de Neve estava livre. Não de seu passado, mas da crença de que precisava carregar seus gigantes para sempre.

O RESGATE DA VERDADEIRA BRANCA DE NEVE

Mas não acabou aí. Redescobrir a espiritualidade foi a segunda grande virada na vida. Até aquele momento, a fé havia sido herdada, carregada pelos gigantes que também habitavam nas mentes de seus pais. Mas nesse processo de autoconhecimento Branca foi apresentada a um Deus amoroso, que a aceitava exatamente como era. Ele era totalmente diferente dos gigantes. Não era crítico, exigente, cruel, não a colocava em situações onde se sentia desigual. Não, Branca descobriu que Ele fez tudo, absolutamente tudo para que ela pudesse se sentir amada, segura, com propósito. Aquela descoberta foi como se Ele estivesse esperando para dizer: "Você foi desenhada para viver segura, em aceitação e profundamente conectada comigo".

Essa revelação transformou tudo. Para vencer de vez aqueles gigantes, era necessário não só agilidade emocional, mas também inteligência espiritual. E foi assim que iniciei uma nova jornada – um caminho de aprendizado sobre quem Deus realmente é, sobre seu caráter bom e sua essência amorosa. Sua voz, repleta de amor, tornou-se a cura mais poderosa dentro de mim. Finalmente, eu estava aprendendo a ouvir e me conectar com a única voz que deveria ter me guiado desde o início: a voz de Deus.

A RECONEXÃO COM A ALEGRIA

Enquanto aprofundava minha conexão espiritual, descobri que Deus me aceitava plenamente, independentemente dos meus erros, fracassos ou imperfeições. Entendi que sonhos e planos eram necessários e que isso traria sentido para mim e para outras mulheres que eu encontraria. Assim como a Branca de Neve despertou do sono, Deus me fez despertar para meu propósito de vida e me senti coroada com honra por estar viva aqui e agora. Saber disso me deu forças para resgatar quem eu realmente era: aquela menina alegre, curiosa, engenhosa, que cantava alto e amava ajudar as pessoas.

Voltei a sonhar, sorrir e viver. Descobri que a autobondade era divina e que minha vulnerabilidade não era fraqueza, mas um presente que atraía pessoas verdadeiras e autênticas. Aprendi que minha imperfeição não diminui meu valor e que rir dos meus próprios erros é um ato de liberdade. Descobri que celebrar minhas falhas me faz avançar. Que ser humana é minha maior força e que celebrar outras pessoas é tão importante quanto celebrar a mim.

A CURA DO PASSADO E A PAZ DO PRESENTE

Hoje, sei que não posso deixar pessoas rudes e suas palavras duras fazerem morada dentro de mim. Compreendo que, assim como eu um dia, elas abrigaram vozes pequenas que cresceram e as dominaram. Agora eu escolho a paz, a alegria, a compaixão e a autocompaixão em vez do ressentimento e ofensa.

Aprendi a dizer "não" sorrindo, sem sofrimento. Aprendi que a alegria do outro também é minha, e isso me tornou mais leve. Aceitei minha história incondicionalmente, com suas dores e glórias, e isso me deu a capacidade de aceitar a dor do outro com o mesmo amor e respeito. Aprendi com a inteligência espiritual a olhar para o futuro com esperança, pois Deus está lá me esperando para realizar coisas incríveis com cada vez mais relevância e impacto.

GRATIDÃO PELA JORNADA

Hoje, agradeço aos psicólogos clínicos que me acompanharam e que certamente ainda acompanharão, pois a jornada não terminou. Agradeço a Deus Pai, que me ensinou a vencer gigantes e a governar minha vida com propósito e conexão íntima com Ele. Sou grata por minha família linda e filhos e sou grata por minha família na fé. Eles me ensinam todos os dias que somos fortes juntos e celebrando as diferenças.

Hoje, com muito orgulho, posso dizer:

Eu sou Branca de Neve, governo minha vida e venci meus gigantes.

REFERÊNCIAS

BROWN, B. *A coragem de ser imperfeito*. Rio de Janeiro: Sextante, 2013.

GRIMM, J. L. C.; GRIMM, W. C. Schneewittchen [Branca de Neve]. *In*: Kinder-und Hausmärchen [*Contos da infância e do lar*]. Erstdruck: Berlin (Realschulbuchhandlung), 1812.

NEFF, K. *Autocompaixão*: pare de se torturar e deixe a insegurança para trás. Rio de Janeiro: Fontanar, 2015.

VALLATON, K. *Inteligência espiritual*: o impacto da conexão com Deus. São Paulo: Mundo Cristão, 2020.

CAPÍTULO 14

Como viver sem dor?

Quem é o Dr. Luiz Severo? Neurocirurgião e médico da dor, atua em tratamentos avançados da dor crônica. É autor do livro *Você não precisa sentir dor*. Formado em Medicina pela Universidade Federal do Ceará (UFC), com Residência Médica em neurocirurgia e *fellow* em Medicina da Dor. É membro titular da Sociedade Brasileira de Neurocirurgia, da Sociedade Brasileira para o Estudo da Dor e da Sociedade Brasileira de Cefaleias. Também é mestre pesquisador e doutorando em Neurocirurgia pela Universidade Federal de Pernambuco (UFPE). É jovem liderança médica da Academia Nacional de Medicina, professor acadêmico e CEO do Centro Paraibano de Dor e do Instituto de Ensino Acadêmico Neuro Ensina. Criador do programa de acompanhamento multidisciplinar Nossa Jornada Contra a Sua Dor. É um dos médicos brasileiros mais entusiastas e incansáveis na busca por inovação e resultados reais no tratamento da dor.

DR. LUIZ SEVERO BEM JUNIOR

Contatos:

luizseverobemjunior@gmail.com
Instagram: @drluizsevero.neurocirurgia.dor
81 99682 6792
83 98228 3099

Neste capítulo, o Dr. Luiz Severo explora a complexidade da dor crônica, diferenciando-a da dor aguda e destacando sua alta prevalência em mulheres. Ele discute abordagens multidisciplinares para alívio, incluindo fisioterapia, medicação, tratamentos menos invasivos, apoio psicológico e espiritualidade. Casos como fibromialgia, dor lombar, enxaqueca e dores articulares ilustram como tratamentos integrativos podem transformar vidas, promovendo resiliência e qualidade de vida.

A dor é uma das experiências humanas mais universais. Todos nós, em algum momento da vida, enfrentamos o desconforto físico ou emocional que ela provoca. Mas, quando falamos sobre dor crônica, estamos nos referindo a algo muito mais complexo, profundo e persistente, que ultrapassa o meramente fisiológico e invade o território da mente, das relações sociais e até mesmo da espiritualidade.

Neste capítulo, discutiremos o que é a dor, tão comum em vocês, mulheres! Serão abordadas as diferenças entre os tipos aguda e crônica, a alta prevalência de dores crônicas em mulheres e suas causas, bem como os caminhos para uma abordagem multidisciplinar e multimodal que permita viver com mais leveza e plenitude, apesar da dor.

O QUE É DOR?

A dor é definida pela Associação Internacional para o Estudo da Dor (Iasp) como "uma experiência sensorial e emocional desagradável associada ou semelhante à associada a dano real ou potencial aos tecidos".

Porém, a dor é muito mais do que uma resposta fisiológica ao dano. Ela é profundamente subjetiva, moldada pela nossa história, expectativas, crenças e pelo contexto em que vivemos. Em outras palavras, cada pessoa sente dor de uma maneira única.

DOR AGUDA E DOR CRÔNICA: DUAS FACES DO DESCONFORTO

A dor aguda é como um alarme do corpo. Ela ocorre em resposta a uma lesão ou condição de saúde temporária, como um corte, uma fratura ou uma cirurgia. Essa dor tem uma função protetora: nos avisar que algo está errado e nos motivar a buscar ajuda ou repousar.

A dor crônica, por outro lado, é mais traiçoeira. É um tipo de dor que persiste por mais de três meses e muitas vezes continua mesmo após a lesão inicial ter sido curada. Em alguns casos, não há nem sequer uma lesão clara. A dor deixa de ser um sintoma e se torna uma doença em si, alterando o sistema nervoso e perpetuando o ciclo de sofrimento.

TRATAR DOR CRÔNICA: UMA MARATONA, NÃO UMA CORRIDA DE 100 METROS

Costumo dizer aos meus pacientes: "Tratar dor crônica não é uma corrida de 100 metros, mas uma maratona". Essa frase resume a essência do cuidado com condições crônicas, em que o objetivo não é apenas aliviar a dor rapidamente, mas construir um caminho sustentável para uma vida mais plena e funcional. Vamos explorar o significado dessa metáfora e como ela pode transformar a perspectiva sobre o tratamento.

A CORRIDA DE 100 METROS: O DESEJO PELO ALÍVIO IMEDIATO

Quando um paciente enfrenta dor intensa, é natural desejar uma solução rápida, algo que funcione como um "remédio milagroso". A corrida de 100 metros simboliza essa busca por um alívio imediato, mas não existem atalhos para tratar a dor crônica.

Por exemplo, um paciente com fibromialgia pode querer resolver seu desconforto em uma semana, mas o tratamento dessa condição envolve mudanças no estilo de vida, ajustes na medicação e tempo para que as terapias surtam efeito. Essa pressa pode gerar frustração, minando a motivação para aderir ao tratamento.

A MARATONA: PERSISTÊNCIA E PLANEJAMENTO

A maratona, por outro lado, ensina que é preciso paciência e constância. Ninguém se inscreve em uma maratona sem treinar; da mesma forma, ninguém supera a dor crônica sem um plano consistente.

- **Treinamento:** assim como o corredor treina para aumentar a resistência, o paciente precisa incorporar novos hábitos, como exercícios físicos, práticas de mindfulness e rotinas saudáveis que ajudam no controle da dor.
- **Controle do ritmo:** na maratona, o corredor aprende a poupar energia para o longo percurso. No tratamento da dor, isso significa evitar exageros, como fazer atividades intensas em dias de menos dor, para prevenir crises de exacerbação.
- **Superação dos obstáculos:** assim como os corredores enfrentam momentos de cansaço extremo, os pacientes enfrentam desafios emocionais e físicos, como dias de maior dor ou sensação de estagnação.

O PAPEL DO PACIENTE NA MARATONA

Assim como o corredor decide cruzar a linha de chegada, o paciente também é o protagonista no tratamento. A equipe médica é o treinador, orientando sobre o caminho, mas é o paciente quem dá os passos necessários. É fundamental:

- Aceitar que o progresso é lento, mas contínuo.
- Celebrar pequenas conquistas, como voltar a realizar atividades que antes eram impossíveis.
- Reconhecer que o tratamento envolve momentos de altos e baixos, mas o foco deve estar no objetivo final.

A LINHA DE CHEGADA

Ao tratar a dor crônica, a linha de chegada não é a ausência completa de dor – algo que nem sempre é possível –, mas sim uma vida com mais qualidade, em que a dor não defina quem você é. Lembre-se: a maratona ensina que o importante não é a velocidade, mas a determinação de continuar.

Para quem enfrenta dor crônica, a jornada pode parecer longa e desafiadora, mas com paciência, consistência e apoio, é possível atravessar a linha de chegada mais forte e resiliente. Afinal, na maratona da vida, cada passo, por menor que seja, é uma vitória.

RELATO DE PACIENTE: MARA E A JORNADA CONTRA A FIBROMIALGIA

Mara, de 42 anos, foi diagnosticada com fibromialgia após anos sentindo dores difusas pelo corpo. "No início, pensei que fosse cansaço. Depois, vieram a insônia, a dificuldade de levantar da cama e a sensação de que ninguém acreditava na minha dor", conta.

O que mudou a vida de Mara foi a combinação de tratamentos, que incluiu fisioterapia, meditação e apoio de um grupo de acolhimento. Usei e uso algumas medicações por tempos específicos. "Hoje, tenho dias bons e ruins, mas aprendi a viver com a dor sem deixar que ela me domine."

RELATO DE PACIENTE: A HISTÓRIA DE MARIA CONTRA A DOR LOMBAR

Maria, uma professora de 45 anos com dor lombar crônica, chegou ao consultório buscando um alívio rápido. Inicialmente, ela se sentiu frustrada quando expliquei que precisávamos de meses para alcançar resultados significativos.

Propusemos um plano com uso de medicações por um tempo específico e procedimento de infiltração, associado a fisioterapia, fortalecimento muscular e mindfulness. Seis meses depois, Maria não apenas reduziu sua dor, mas também desenvolveu uma nova perspectiva sobre seu corpo e aprendeu a equilibrar suas atividades diárias.

RELATO DE PACIENTE: A HISTÓRIA DE JOANA CONTRA A DOR APÓS COBREIRO

Joana, 88 anos, uma advogada aposentada com neuropatia pós-herpética (cobreiro), desejava um tratamento que o fizesse "voltar ao normal" rapidamente. Conversamos sobre a importância de conquistar pequenas vitórias, como conseguir dormir melhor ou reduzir a intensidade da dor em 10%. Após um ano de acompanhamento, Joana relatou que, apesar de a dor ainda estar presente, ela já não dominava sua vida.

RELATO DE PACIENTE: A HISTÓRIA DE JOAQUINA E A ENXAQUECA

Joaquina, 58 anos, sofreu com enxaquecas severas durante décadas. "Cheguei a perder o emprego por causa das crises", diz ela. Um dia, após assistir a uma palestra sobre espiritualidade, decidiu incorporar a oração e a gratidão em sua rotina. "Não foi rápido, mas, junto com os tratamentos médicos e o apoio do meu neurologista, comecei a sentir a dor perder o poder sobre mim."

A DOR E AS MULHERES: UM DESAFIO FREQUENTE

A dor crônica afeta desproporcionalmente as mulheres. Estudos mostram que condições como enxaqueca, fibromialgia, artrite reumatoide e dor pélvica crônica são mais comuns entre elas. Mas por que isso acontece?

1. **Diferenças hormonais:** o sistema hormonal feminino, em particular o ciclo menstrual, pode influenciar a sensibilidade à dor.
2. **Fatores socioculturais:** mulheres são mais propensas a reportar dor, mas também enfrentam maior descrédito por parte de profissionais de saúde.
3. **Aspectos biológicos:** o sistema imunológico feminino é diferente, o que pode contribuir para a maior prevalência de doenças autoimunes e inflamatórias.

CAUSAS COMUNS DE DOR CRÔNICA EM MULHERES

- **Endometriose:** uma condição em que o tecido que reveste o útero cresce fora dele, causando dores intensas e persistentes.
- **Fibromialgia:** caracterizada por dores musculares difusas e fadiga.
- **Enxaqueca:** uma das dores de cabeça mais incapacitantes, que afeta milhões de mulheres em todo o mundo.
- **Dor pélvica crônica:** muitas vezes relacionada a condições ginecológicas ou urológicas.

O CONSULTÓRIO DO MÉDICO DA DOR: UMA ESCOLA PARA A VIDA SAUDÁVEL

Quando meus pacientes chegam ao consultório, costumo explicar que "o consultório do médico da dor não é uma oficina onde eu conserto seu corpo, mas uma escola onde te ensino o que está acontecendo, o porquê e que hábitos são necessários".

Essa abordagem reflete a essência do tratamento da dor crônica: não basta tratar os sintomas, é preciso entender as causas e aprender a lidar com elas de forma duradoura. O caminho para uma vida sem dor envolve mudanças profundas nos hábitos diários, e isso começa com educação e disciplina.

A METÁFORA DA ESCOLA: APRENDENDO A LIDAR COM A DOR

Assim como em uma escola, onde o aluno adquire conhecimento para aplicar em sua vida, no tratamento da dor crônica, o paciente deve ser visto como um aprendiz. Em vez de esperar que o médico faça um "conserto mágico", o paciente aprende, ao longo de sua jornada, a melhorar sua qualidade de vida, controlando a dor por meio de hábitos saudáveis.

É importante entender que a dor crônica não é apenas um problema físico. Muitas vezes ela está ligada ao comportamento, à maneira como o corpo é cuidado, e até ao estado emocional e psicológico. Portanto, é fundamental o aprendizado sobre o funcionamento do corpo e como ele responde aos estímulos externos e internos.

ESTRATÉGIAS PARA CRIAR HÁBITOS SAUDÁVEIS

A criação de hábitos saudáveis é uma das chaves para o tratamento eficaz da dor crônica. Isso não ocorre da noite para o dia, mas sim por meio de ações consistentes que geram mudanças a longo prazo. Aqui estão algumas estratégias para ajudar nesse processo.

- **Educação sobre a dor:** antes de adotar qualquer mudança, é essencial que o paciente compreenda a origem de sua dor. Ao explicar as causas e o impacto da dor crônica no corpo, o paciente se torna mais consciente de como seus hábitos podem interferir na evolução da condição. Por exemplo, entender como o estresse pode intensificar a dor pode ser um primeiro passo para controlar essa variável.
- **Mindfulness e gestão do estresse:** o estresse e a ansiedade muitas vezes exacerbam a dor. Técnicas de mindfulness, como a meditação, a respiração profunda e o relaxamento progressivo, ajudam a reduzir a tensão no corpo e a melhorar a percepção da dor. Estabelecer uma prática regular de mindfulness, mesmo que por 10 minutos diários, pode ser uma ferramenta poderosa na jornada do paciente.
- **Exercícios físicos regulares:** a falta de movimento contribui para a dor crônica, especialmente em condições como a dor lombar e a fibromialgia. O exercício físico fortalece os músculos, melhora a circulação e libera endorfinas, analgésicos naturais do corpo. A introdução gradual de atividades como caminhada, alongamento ou natação pode ser uma forma eficaz de aliviar a dor. O objetivo é incorporar o exercício como parte da rotina, respeitando os limites do corpo.
- **Sono de qualidade:** o sono tem um impacto direto na dor crônica. Sua privação pode aumentar a sensibilidade à dor e reduzir a capacidade do corpo de se regenerar. Estabelecer uma rotina de sono regular, criar um ambiente tranquilo para dormir e evitar estimulantes como cafeína ou telas antes de dormir são hábitos que podem melhorar a qualidade do sono.
- **Alimentação balanceada:** a alimentação também desempenha um papel importante na gestão da dor. Uma dieta rica em anti-inflamatórios naturais, como frutas, vegetais, peixes ricos em ômega-3 e grãos integrais pode ajudar a reduzir a inflamação no corpo. Evitar alimentos processados e ricos em açúcares também pode ser um passo importante.
- **Estabelecimento de metas pequenas e realistas:** a jornada de adaptação aos novos hábitos pode ser desafiadora. Por isso, é fundamental estabelecer metas pequenas e atingíveis. Isso pode significar começar com 10 minutos de caminhada por dia ou praticar meditação por cinco minutos. A ideia é construir uma rotina sólida que, passo a passo, se torne parte do cotidiano.

- **Suporte emocional e psicoterapêutico:** a dor crônica também é acompanhada por uma carga emocional significativa. É importante buscar apoio psicológico ou terapias de apoio, como terapia cognitivo-comportamental (TCC), que ajudam a lidar com ansiedade, depressão ou estresse relacionados à dor. Além disso, participar de grupos de apoio pode ajudar o paciente a se sentir mais compreendido e fortalecido.

CONCLUSÃO: O CAMINHO PARA O ALÍVIO DA DOR

Tratar a dor crônica exige mais do que medicamentos ou procedimentos invasivos. Requer uma abordagem integrada, na qual o paciente se torna ativo na gestão de sua saúde, educando-se sobre seu corpo e adotando hábitos que promovem o bem-estar. O consultório do médico da dor é uma escola, na qual o paciente aprende a gerenciar sua dor de forma autônoma e sustentável. Essa jornada é longa, mas cada passo dado na direção de hábitos saudáveis é uma vitória. A dor crônica e o sofrimento que a acompanha desafiam as fronteiras da medicina tradicional. Ao incluir a espiritualidade no cuidado, médicos podem ajudar pacientes a encontrar força e significado mesmo nas condições mais difíceis. Esse diálogo entre saúde e espiritualidade não é apenas uma alternativa, mas um complemento poderoso para promover cura em sua acepção mais ampla.

REFERÊNCIAS

ALVAREZ, P. *et al.* Pelvic pain in women: mechanisms and treatment approaches. *Obstetrics & Gynecology*, v. 121, n. 4, p. 878-888, 2013.

BENNETT, M. I. *The International Association for the Study of Pain*: classification of chronic pain. São Paulo: Manole, 2001, p. 57-66.

DWORKIN, R. H. *et al.* Pharmacologic management of chronic pain: a review of current therapies. *The Clinical Journal of Pain*, v. 19, n. 5, p. 392-403, 2003.

GIBSON, S. J.; LERI, F. Gender differences in pain perception and treatment. *Journal of Pain Research*, v. 12, p. 285-296, 2019.

KABAT-ZINN, J. *Full catastrophe living*: using the wisdom of your body and mind to face stress, pain, and illness. New York: Delacorte Press, 1990.

KEEFE, F. J. *et al. Psychological approaches to pain management*: a practitioner's handbook. New York: Guilford Press, 2012.

KOSEK, E. *et al.* Fibromyalgia: mechanisms and management. *Pain*, v. 157, n. 9, p. 2021-2029, 2016.

LINTON, S. J. Psychological and psychosocial mechanisms in the transition from acute to chronic pain. *In*: C. A. J. de C. (ed.). *Chronic pain*: a biopsychosocial approach. Oxford: Oxford University Press, 2000, p. 60-70.

MERSKEY, H.; BOGDUK, N. Classificação da dor: descrições e definições. *In*: MERSKEY, H.; BOGDUK, N. (org.). *Classificação internacional da dor*. São Paulo: Manole, 1994, p. 213-235.

MOSELEY, G. L. Exercise and its effects on chronic pain. *Physical Therapy Reviews,* v. 12, n. 1, p. 1-10, 2007.

PARGAMENT, K. I. *Spiritually integrated psychotherapy*: understanding and addressing the sacred. New York: Guilford Press, 2007.

SULLIVAN, M. D. *et al.* Exercise and chronic pain management. *Journal of Pain Research*, v. 8, n. 2, p. 121-134, 2005.

TURK, D. C.; MELZACK, R. *Handbook of pain assessment.* 3. ed. New York: Guilford Press, 2011.

CAPÍTULO 15

Transformando desafios em oportunidades

Graduada em Marketing pela FAAP com especialização em Inteligência e Inovação em Negócios. Certificação internacional de Marketing e Desenvolvimento de Negócios na HEC Paris. O primeiro trabalho foi como estagiária na agência de publicidade J3P, aos 15 anos, atendendo a construtora Even. Assumiu o cargo de atendimento na agência de publicidade especializada em contas de agronegócio Máxima Comunicações por dois anos, onde atendia a multinacional alemã Basf. Passou três anos gerenciando a área de comunicação e captação de recursos na ONG Instituto Se Toque, especializada na prevenção do câncer de mama, a qual contava com a direção da, à época, primeira dama do estado de São Paulo, Mónica Serra. Trabalhou cinco anos e meio na multinacional Francesa de software de engenharia, Dassault Systemes, seis meses como coordenadora de marketing e cinco anos como Partner Acquisition Manager. Um ano como gerente de vendas para academias e depois quatro anos como Home Consumer Director na Technogym – empresa multinacional italiana de equipamentos fitness. Hoje, atua como empreendedora no mercado de moda como diretora criativa da Chemise Boutique Camisaria feminina para o público triplo A. Sócia da Latam Welness – holding que representa, na América Latina, marcas europeias de *wellness* e lifestyle, como a Starpool, Evergy, Gessi, entre outras.

MARCELA COOKE

Contatos:

Instagram: @ma_cooke
Linkedin: Marcela Cooke

Neste capítulo, a autora mostra como atribui o seu espírito empreendedor à sua personalidade rebelde e à sua confiança no instinto. Apesar dos reveses pessoais, como a separação dos pais e um casamento anterior complicado, Marcela soube transformar os desafios em oportunidades, demonstrando uma grande força e determinação. A sua história é um testemunho de como a paixão, o trabalho e a capacidade de adaptação podem levar ao sucesso no mundo empresarial.

Quando olho para minha trajetória de vida, percebo que sempre tive pressa – fui precoce em quase tudo. Isso faz com que eu enxergue minha caminhada como longa, mesmo tendo apenas 34 anos. Comecei a trabalhar aos 15, fui mãe aos 21, me separei aos 23 e aos 26 comprei meu primeiro apartamento. Desde muito jovem, eu tinha sede de realização: queria ganhar dinheiro, ser independente e nunca tive medo de ir à luta, características que atribuo à escorpiana nata que sou e ao meu histórico familiar. Meu pai – apesar de ser um pai e um avô maravilhoso – era profissionalmente instável. Ele veio de uma família muito rica que perdeu tudo e, talvez por isso, lhe faltasse o aprendizado das bases. Não faltava vontade para o trabalho, mas faltava foco, e as coisas acabavam não acontecendo. Já minha mãe foi minha grande inspiração, meu modelo. Provedora e batalhadora incansável, sempre trabalhou muito e foi uma leoa para mim e para minha irmã. Foi dela que herdei a força para buscar a autossuficiência, até porque eu via sua luta e queria aliviar sua carga. Não queira dar mais trabalho para ela.

Essa inclinação para a autossuficiência foi combinada com uma maturidade precoce, resultado do meu entorno, do meu círculo social. Sempre convivi muito com adultos, tinha primas mais velhas, gostava da companhia dos amigos dos meus pais e achava as pessoas da minha idade imaturas. Talvez por isso, desde cedo, eu me comunicava muito bem, assumia a liderança nas atividades, era representante de turma etc.

Aos 15 anos, pedi ao meu pai para trabalhar. Como ainda não tinha idade, comecei na agência de publicidade do meu tio, sem remuneração, para aprender. Em apenas cinco meses, já estava atendendo a conta de uma construtora. Dos 15 aos 17 anos, lidava diretamente com os clientes, elaborava briefings, agendava reuniões, organizava eventos e fazia a ponte entre a agência e os clientes.

Quando chegou o momento de escolher uma profissão, tive dúvidas. Sabia que gostava de marketing e comunicação, mas não queria seguir para a área de criação. Eu gostava do contato com o cliente, do planejamento, então decidi por um curso mais amplo. Assim, aos 17 anos, ingressei em Administração na Faap, em São Paulo. Quase ao mesmo tempo, saí da agência e comecei a trabalhar na Máxima Comunicações, uma agência especializada em agronegócio, que atendia apenas clientes grandes, como a multinacional alemã Basf.

Depois de um ano e meio na faculdade, conheci Luciano Serra, filho do então governador José Serra, e aceitei o desafio de trabalhar no Instituto Se Toque, organização não governamental (ONG) de Mónica Serra, então primeira-dama. Na ONG, eu gerenciava a área de comunicação e fazia a captação de recursos – consegui diversas parcerias, como a da Risqué. Foi exatamente nessa época que engravidei. Depois que meu filho nasceu, decidi sair da ONG para me dedicar a ele, ficando apenas com a faculdade.

Seis meses depois, eu já queria – e precisava – voltar ao mercado de trabalho, então comecei na Dassault Systèmes. Entrei como coordenadora de marketing e, após seis meses, recebi uma proposta para migrar para a área de vendas, atuando na aquisição de parcerias. Sempre gostei dessa área: minha mãe é vendedora, e muitos na minha família também são. Depois de um ano e meio nessa função, fui promovida a gerente-líder.

Após três anos e meio nesse cargo, recebi uma proposta de um headhunter para trabalhar em uma multinacional italiana de equipamentos de ginástica, a Technogym. Aceitei de imediato. Nas minhas redes sociais, paralelamente às minhas conquistas profissionais, sempre deixei clara a minha paixão por esportes. Adoro ginástica, bicicleta, handebol e, principalmente, o tênis – participei de competições e fui federada nesse esporte. Entrei como gerente de vendas para liderar toda a área de academias da América Latina. Depois de um ano e meio, fui promovida a diretora de Home Consumer, liderando uma equipe de dez pessoas responsáveis pelo atendimento ao consumidor final.

É aqui que o profissional e o pessoal se misturam. Foi nessa empresa que conheci meu atual marido, Rubén Nieto, um espanhol que veio para liderar a filial brasileira. Vivemos esse início de relacionamento com muito amor e trabalho... Mas eis que chega a pandemia. A empresa decidiu encerrar a filial no Brasil e manter a presença no país apenas como distribuidora. Meu marido foi convidado a se tornar o proprietário dessa nova modalidade.

As mudanças, no entanto, não pararam por aí. Pouco depois, ele soube que seu pai estava com um câncer terminal e precisava voltar para a Espanha. Para não desistir da empresa, aceitou um cargo em Portugal, para estar mais perto do pai.

Foi um período muito difícil para mim. Estávamos separados, vivendo uma pandemia, e o pai do meu filho não autorizava sua saída do Brasil.

Eu me sentia paralisada, sem vislumbrar uma saída, sem conseguir fazer planos. Saí da Technogym, decidi parar tudo e cuidar de mim e do meu filho. Chegaram algumas propostas de trabalho, mas eu não podia aceitar, porque estava pronta para me mudar para Portugal a qualquer momento. Depois entendi que a mudança seria mais complicada do que eu imaginava: sem autorização do pai do meu filho, teria que entrar na Justiça. Entrei com os papéis, mas percebi que o processo seria longo.

Ao mesmo tempo, meu marido também não estava feliz em Portugal. Então, decidimos recomeçar do zero no Brasil. Ele voltou, juntamos nossas experiências e decidimos abrir uma distribuidora: a Latam Wellness, representando empresas europeias que queriam entrar no mercado brasileiro. Rubén já tinha uma forte rede de contatos na Europa, empresários que confiavam no seu trabalho, mas que não investiam no Brasil por insegurança. Da minha parte, sou uma vendedora nata, sei comunicar, conheço a cultura e o mercado brasileiros. Foi a combinação perfeita. Hoje, após três anos, representamos cinco marcas europeias, dentre elas a Starpool – empresa italiana que atua no mercado de sauna, spa e produtos de *recovery*, como a crioterapia; a Gessi, uma marca italiana *premium* de metais, entre outras. Temos nossa sede dentro da Artefacto, na Avenida Brasil, e atendemos academias, hotéis e clientes finais. A empresa está crescendo e estamos muito felizes com os resultados.

Paralelamente, sempre fui apaixonada por moda. Durante minhas viagens a trabalho pela Europa, observava o mercado e analisava oportunidades nessa área. Depois de amadurecer a ideia por um ano, decidi abrir um negócio de nicho: a Chemise Boutique, especializada em camisaria feminina. Fazemos tudo do zero – desde a criação dos modelos até a escolha dos tecidos e a confecção. Apesar de ter apenas um ano, já temos um showroom nos Jardins, estamos na Pinga, uma multimarcas que faz curadoria de marcas brasileiras, e recentemente fomos convidados a estar no Shopping Iguatemi.

Sair do regime CLT e empreender não é nada fácil no Brasil. É preciso trabalho duro, resiliência e muita paciência. Mas está dando certo. Eu e meu marido nos complementamos no trabalho e na vida. Ele é o cérebro da operação, define estratégias, faz a ponte com a Europa e traz a credibilidade de que o negócio precisa. Eu cuido da comunicação, das vendas e conheço o mercado, as pessoas e a cultura do país.

Claro que nem sempre é fácil: levamos, sim, os problemas do trabalho para casa. Também lidamos com as diferenças culturais – ele tem dificuldade com o jeitinho brasileiro – e, além disso, sofre com a complexidade do empreendedorismo brasileiro, como a carga tributária e a burocracia.

À parte o profissional, sei o quanto é difícil para ele estar longe da família e dos amigos, em um país com uma cultura tão diferente e sem falar português. Por isso, procuro dar todo o suporte emocional, porque sei que sou a principal razão de ele estar aqui.

De qualquer forma, sempre soube que o empreendedorismo seria meu caminho. Sou proativa, determinada e estou sempre em movimento. Não me acomodo e reajo rápido aos reveses. Cresci em uma redoma, muito protegida – eu e minha irmã – cercada pelo amor dos meus pais e com a certeza de fazer parte de uma família feliz. Mas, quando tinha 17 anos, eles se separaram, e esse foi meu primeiro grande abalo. Não por acaso, nessa mesma época, conheci o pai do meu filho. Quando meu filho nasceu, percebi que estava sozinha: meu marido era um zero à esquerda e, ao me dar conta de que estava escolhendo um homem que daria o trabalho que meu pai deu para minha mãe, carregando um peso que não era só meu, tomei uma decisão. Disse tchau, peguei meu filho e fui viver minha vida.

Voltei para a casa da minha mãe, que me deu todo o suporte do mundo. Foi um tempo duro: trabalhava, estudava, tive um esgotamento, mas segui em frente. Com 26 anos, comprei meu primeiro apartamento e fui morar sozinha com meu filho. Na pandemia, perdi meu marido, meu trabalho, mas não a minha força. Transformei minha casa em uma academia, comprei equipamentos e cuidei de mim, do meu filho, da nossa casa.

Tenho a alma de empreendedora. Sempre fui rebelde, não gosto de regras rígidas e confio muito no meu instinto. E, até aqui, tem dado certo.

CAPÍTULO 16

Posicionamento

A chave para transformar sua realidade

Ex-sem-terra, hoje esposa, mãe, fotógrafa profissional e consultora de imagem há mais de dez anos. Empresária e sócia do O Novo Imobiliário, escritório de investimentos imobiliários presente no Brasil, nos Estados Unidos, na Inglaterra e em Portugal. Idealizadora do Grupo Multiplicadoras, criado exclusivamente para mulheres investidoras imobiliárias que, a partir do posicionamento de imagem e de suas funções, multiplicam recursos e seus patrimônios por meio de investimentos dentro e fora do Brasil.

MÁRCIA APARECIDA PERETTO MARTINS

Contatos:

www.maperetto.com.br

maperetto@maperetto.com.br

Facebook: Márcia Peretto

Instagram: @maperetto

Este capítulo é a chave para transformar sua realidade e construir o futuro que você merece. Com decisões corajosas e ações determinadas, a autora revela como superar adversidades, mudar sua mentalidade e alcançar prosperidade e propósito. Cada página é um convite para se posicionar e assumir o controle da sua história. O poder da mudança está ao seu alcance!

O PODER DE ESCOLHER SER QUEM VOCÊ QUER SER

A minha história poderia ter sido apenas mais uma interrompida pelas circunstâncias. Nasci à margem do que se considera uma vida nociva – debaixo de uma lona, na beira de uma estrada, sem segurança, sem qualquer certeza ou perspectiva. Cresci entre a escassez e o improviso, com a fome e o medo como presenças constantes, e o futuro era um conceito tão distante que mal podia sonhar com ele. Mas algo se fez presente e mudou todo o rumo da minha história.

Mesmo em circunstâncias negativas, no cair da noite eu via minha avó materna, Anastacia, com o rosário nas mãos, rezando. Aquilo me chamava muito a atenção, me marcando profundamente.

Sabia que a vida não me entregaria nada facilmente e, desde cedo, aprendi que esperar ou depender dos outros não era uma opção. Se eu quisesse outra realidade, deveria conquistá-la com meus próprios esforços e fé. Com passos incertos, mas determinados, comecei a moldar minha realidade atual, muitas vezes perguntando a Deus se conseguiria superar o que parecia ser insuperável.

Hoje, olhando para tudo o que ressignifiquei e curei dentro de mim, vejo que a jornada não tinha a ver com os recursos que me faltaram, mas sim com as decisões que tomei diante de cada desafio, e com quem Deus me forjou a ser. A cada momento em que me posicionei, transformei dores em aprendizado e dificuldades em alicerces. Entendi que não é o ponto de partida ou o atual que define nossa trajetória, mas a coragem de enfrentar as limitações impostas com esperança e confiança de que, para Deus, nada é impossível.

DAS ADVERSIDADES ÀS DECISÕES

Minha infância foi marcada pela sobrevivência. Morávamos em um barraco improvisado, feito de lona, onde o frio da noite e o calor do dia eram companheiros constantes. Não tínhamos comida suficiente, e muitos dias eram vividos na tensão de não saber o que seria do amanhã. Caminhar quilômetros para buscar o mínimo necessário era rotina. Cresci descalça, brincando nas ruas e pedindo comida para caminhoneiros. Cada refeição parecia uma vitória.

Minha família toda morava naquele barraco: mãe, tios e avós. Minha avó era responsável por guardar aquele lugar com muita garra, enquanto meu avô e tios, praticamente crianças, saíam em busca de trabalho todos os dias. Ao cair da noite, eu os esperava na beira da estrada com suas enxadas e carrinho de mão, aguardando alguma boa notícia. O olhar cansado do meu avô carregava uma tristeza profunda, mas ele sempre vinha em minha direção com um sorriso.

Algo extremamente marcante naquele período que vivemos era o tratamento que meu avô, João Batista, dava à minha avó, depois de caminhar quilômetros por dia para trocar seu serviço pelo mínimo de recurso: todas as noites, antes de dormir, ele lavava os pés dela, enquanto ela chamava todos para rezar aquele rosário pendurado em suas mãos cheias de manchas do sol. A humildade e a alegria de servir dele junto à fé inabalável dela eram tão fortes, que hoje, ao fechar os olhos, revivo essa cena perfeitamente.

Eu, filha de dois adolescentes que não se tornaram um casal, me tornei a mais velha de nove irmãos. Enfrentei muitos perigos, situações de negligência e abusos. Ainda criança, desenvolvi estratégias para suportar os momentos difíceis e ser uma fonte de segurança para os mais novos, mesmo sem saber se eu mesma sobreviveria.

Apesar da precariedade, havia uma força dentro de mim que não permitia que eu me entregasse. Às vezes, enquanto brincava na rua até tarde da noite, olhava para o céu e imaginava como seria viver uma vida em que o medo não fosse constante. Essa imaginação não era apenas uma fuga; era um treino para a mente, algo que aprendi, anos depois, ser uma poderosa ferramenta de mudança.

Deus sempre colocou pessoas no meu caminho que, de alguma forma, me salvavam. Um caminhoneiro que nos dava comida, uma vizinha que doava uma muda de roupa, ou até mesmo um desconhecido que nos oferecia abrigo temporário. Essas pessoas me ensinaram que, mesmo na pior das circunstâncias, há bondade no mundo. Era como se Deus enviasse anjos nos momentos mais desesperadores.

SUPERAÇÃO EM CADA PASSO

Cada fase da minha vida trouxe desafios ainda maiores. E foi meu posicionamento que transformou cada dificuldade em um degrau para o próximo nível.

Cresci em meio ao caos, sem direcionamento e muito vulnerável; minha adolescência foi marcada por conflitos internos e externos. Eu não entendia por que não podíamos ter uma vida normal. Via minha mãe, Rosane, se esforçando para sobreviver, mas presa a escolhas erradas e circunstâncias difíceis. Quando decidi, aos 13 anos, sair do lado dela e morar com minha família paterna, sabia que enfrentaria rejeição, cobranças e muitos julgamentos. Mas algo em mim dizia que aquele ambiente era a ponte necessária para algo maior.

Foi nessa época que comecei a desenvolver uma resiliência quase instintiva. E, mesmo quando, de forma imatura, me afastei de Deus, Ele foi meu instinto, me protegendo e me apoiando nos momentos mais solitários.

Entendi que as críticas e limitações impostas pelos outros não precisavam definir quem eu era. No livro *Antifrágil*, li que "as adversidades nos moldam, e aqueles que as abraçam crescem além delas". Foi isso que fiz. Mesmo sob diversas humilhações, decidi aprender com cada experiência, fortalecendo minha capacidade de resistir.

Decisões moldaram meu destino e, após diversas batalhas, enfrentei uma das maiores: a maternidade. Lembro-me de estar no fundo do poço emocional e físico, afastada de Deus e de toda a minha parentela. Achava que, sozinha, eu teria forças, e foi ali que entendi que posicionamento sem fé e fé sem posicionamento não operam milagres. Diante de tanto desprezo e rejeição, dobrei meus joelhos e clamei aos céus pela vida do meu filho, e durante esse posicionamento de dias, com joelhos dobrados, Deus me entregou o maior milagre da minha vida: o coraçãozinho dele batendo na ultrassonografia.

Apesar de tentar manter o relacionamento com o pai do meu filho, em meio a muitas mágoas e divergências, ele não se perpetuou e nos separamos. Saí do apartamento em que morávamos juntos e segui a vida sozinha.

A maternidade foi o que me ensinou o verdadeiro significado do amor incondicional. Ao mesmo tempo, revelou a necessidade de me fortalecer como mulher, como rocha, como minha vó Anastacia, que defendia aquele pedaço de terra e lona esticada para que pudéssemos sobreviver. E talvez assim meu filho pudesse ver em mim um exemplo de superação e fé. Cada escolha que fiz desde então foi moldada pela pergunta: "Como posso construir algo e me tornar alguém que meu filho terá orgulho de se lembrar?".

E durante esses dez anos da vida dele, oito deles vivendo separados e com tempo limitado de convivência, tenho buscado me tornar alguém que o aproxime de Deus e seja uma fonte de inspiração e exemplo de trabalho e dedicação.

TRANSFORMAÇÃO: RECOMEÇOS E CONQUISTAS

Recomecei do zero algumas vezes. Após enfrentar uma internação psiquiátrica, perder a guarda do meu Otto com menos de dois anos, ser despejada e forçada a fechar o pequeno negócio que era meu ganha-pão, fui morar em um porão na cidadezinha em que minha mãe residia. Recebi 50 reais dela e poderia ter usado aquele dinheiro para o básico. Mas decidi multiplicá-lo: comprei ingredientes para fazer bolos no pote e comecei a vender. Cada venda não era apenas um sustento momentâneo; era uma fagulha de esperança, uma visão de que, com ação e esforço, poderia construir algo maior. Tenho certeza de que esse impulso divino veio dos céus para que eu não desistisse novamente.

Ter uma vida marcada por tantas dificuldades e dores, sem ter tido o mínimo de escuta ativa, me adoeceram na fase que era para ser a mais linda. Durante minha gestação, com tantas incertezas e rejeição, entrei em uma depressão profunda, que se tornou um buraco em mim. Aparentemente, esse buraco não era visível; eu levava meus dias e relações de forma superficial, mas, quando estava sozinha, só restávamos eu e aquele buraco imenso em meu peito. Naquele momento, o cansaço da vida tomou conta de mim, e mais uma vez Deus enviou anjos a minha casa, anjos que me encontraram e chamaram meu pai, e aquele momento de uma batalha interpessoal no relacionamento entre pai e filha se tornou uma oportunidade de entendimento. Meu pai, Mario, me honrou com o tratamento em uma clínica onde pude tratar e curar minhas mais profundas dores.

Em *Pai rico, pai pobre*, há uma frase que ecoa em minha mente: "A riqueza não começa com o dinheiro, mas com a mentalidade". E foi essa mentalidade que me fez persistir, mesmo nos dias mais difíceis. Aqueles 50 reais que minha mãe me entregou foram o suficiente para mudar meu destino mais uma vez.

As vendas me levaram a novas conexões, e essas conexões abriram portas que eu nunca imaginei. Foi quando decidi estudar marketing digital que percebi o poder de me reinventar. Cada habilidade que adquiri, como vendas, consultoria de imagem e fotografia, não apenas me ajudava a crescer profissionalmente, mas também reconstruía minha autoestima e confiança.

Enquanto eu curava as dores no meu espírito e alma, fortalecendo meu relacionamento íntimo com Deus, após Ele ter dado a mim a chance de recomeçar minha vida, agora me reaproximava dos meus pais. Assim, entreguei tudo no trabalho, baixei minha cabeça, me desenvolvi, busquei todas as ferramentas disponíveis para me curar, me conhecer e me fortalecer.

Após esse recomeço, tomei decisões que foram questionadas por todos ao meu redor: abri mão da guarda do Otto para o pai, evitando mais brigas judiciais e reconhecendo que eu não poderia dar a estabilidade que ele precisava naquele momento sem me tornar dependente de uma pensão. Deus já tinha colocado em meu coração que havia algo maior para todos nós. E eu precisava enfrentar as represálias e seguir meu caminho.

Reabri meu negócio, mas no tempo de Deus o fechei novamente, me mudando de estado apenas com o direcionamento Dele. Paguei um preço alto para acessar outros ambientes e pegar dali o melhor que podia; muitas vezes confusa, tomei decisões erradas, mas logo as corrigi e segui em frente para que elas não moldassem o próximo capítulo que iria viver.

Em 2022, Deus me deu uma provinha do que eu iria viver e o que Ele tinha preparado para mim, mas eu não estava pronta, então Ele me tirou e me isolou. Foi com muito sofrimento emocional que Deus me mostrou cada área em que deveria melhorar e transformar. E eu, como uma filha obediente que me tornei ao longo dos anos, fiz exatamente o que Ele me pediu.

Então, depois de alguns meses de silêncio, o Senhor começou a derramar suas benções em minha vida, mas dessa vez eu não estava mais sozinha: Guilherme, meu marido, tinha voltado para a minha vida. Depois que Deus nos apresentou em 2022, Ele logo nos afastou, pois tinha de fazer uma grande reforma em nós. E então, no tempo certo, Deus nos reapresentou, agora diferentes. Nesse processo de união e casamento, Ele nos ensinou tanto, nos fortaleceu e nos mostrou que Ele é o Nosso Senhor, e que nosso posicionamento é para servir à obra dele com seu maior projeto: a família.

Quanto mais amadurecíamos como casal, mais bênçãos Ele nos entregava. A principal, com certeza foi nossa princesa Pillar, tão sonhada por nós. Além de um trabalho que nos aproxima e une a cada dia, fazendo com que nossas competências individuais sejam alicerces um para o outro, e nossa prosperidade só aumenta, transbordando assim na vida de centenas de pessoas.

Hoje, olhando para tudo o que construí, vejo que cada decisão e cada posicionamento me trouxeram até aqui. Tenho um casamento sólido, uma família próspera, dois filhos abençoados, Otto e Pillar, uma carreira consolidada junto ao meu marido, Guilherme Martins; tudo isso por meu posicionamento como mulher e esposa auxiliadora. Cada fase da minha vida foi uma construção, uma batalha vencida e uma nova história escrita, escrita pelo melhor autor que eu poderia ter: Deus.

O CHAMADO PARA SE POSICIONAR

Mulher, quero que você saiba: sua realidade não define seu destino. Não importa de onde você veio, nem onde está agora; o que importa é para onde você está disposta a ir. O posicionamento é a chave. Não espere condições perfeitas; comece agora, com o que você tem.

Pergunte-se: "Onde, na minha vida, preciso me posicionar?". Talvez seja na forma como enxerga seus desafios, nos relacionamentos que mantém ou na coragem de dar o primeiro passo em direção a um sonho.

Lembre-se: não existe milagre sem posicionamento. Feche os olhos, veja a vida que deseja viver. Agora abra-os e se posicione. A chave está no seu poder de decisão e nos seus joelhos dobrados.

REFERÊNCIAS

KIYOSAKI, R. T. *Pai rico, pai pobre*. Rio de Janeiro: Alta Books, 2017.

TALEB, N. N. *Antifrágil*: coisas que se beneficiam com o caos. Rio de Janeiro: Objetiva; 2020.

CAPÍTULO 17

Guerreira sim, mas com ternura

A paraense Marcia Bortolanza é casada e mãe de dois filhos. Psicóloga e contabilista por formação, empresária do ramo alimentício e empreendedora social, atua como doadora e voluntária na mobilização de pessoas (nos governos, na iniciativa privada e entre os amigos) para ajudar Organizações da Sociedade Civil (OSCs) de todo o país, e na proposição e defesa de políticas públicas. Depois de atuar por quatro anos como diretora voluntária de comunicação, marketing e captação de recursos da OSC Comunidade de Amor Rainha da Paz (que cuida de mais de 400 pessoas com deficiências múltiplas), Marcia decidiu difundir seus conhecimentos no Terceiro Setor e hoje é autora de dois livros: os best-sellers *E depois que o coração aperta? – da solidariedade à gestão eficiente das OSCs* e *Menos espelhos e mais janelas – esqueça a solidariedade de aparência*. Seja solidário de coração. A solidariedade é o fio condutor de sua vida e toda a renda que Marcia obtém com as vendas de seus livros é destinada a obras socioassistenciais de todo país.

MARCIA BORTOLANZA

Contatos:

m4bortolanza@terra.com.br
Instagram: @marcia.bortolanza

O texto destaca o papel transformador das mulheres. A autora compartilha sua trajetória pessoal, enfatizando a importância da autoestima e do respeito das mulheres ao seu corpo, além do empreendedorismo para seu empoderamento sustentável e para a geração de um impacto positivo na sociedade. A solidariedade é apresentada como uma prática essencial, capaz de transformar realidades por meio de gestos simples e altruístas.

GUERREIRA SIM, MAS COM TERNURA

Quando fui convidada a fazer parte deste livro, logo pensei em convocar vocês, queridas leitoras, a tomarem ação e a começarem a mudar suas próprias vidas, pois acredito que somente assim poderemos impactar positivamente a sociedade: resolvendo nossas questões interiores antes de mais nada. Meu desejo é que eu consiga trazer nestas linhas uma verdadeira inspiração para todas, pois acredito firmemente que nós temos uma vocação especial para criar um mundo mais solidário.

Em primeiro lugar, compartilho com vocês minha trajetória, reforçando a importância da autoestima, da solidariedade e do empreendedorismo para um agir consciente e eficiente. Como mulher, empresária e psicóloga, vivi muitas situações que me permitiram enxergar o imenso poder transformador que reside em cada uma de nós. Ao longo da minha caminhada, aprendi que a verdadeira força feminina não está apenas em alcançar o sucesso pessoal, mas em saber utilizar essa força para o bem de todos e para a transformação do mundo em que vivemos. Em tudo o que faço, busco ser um exemplo de que mulheres podem ser instrumentos poderosos de mudança – se souberem se unir, se apoiar e agir com propósito.

Neste momento da minha vida, tenho tido o privilégio de ajudar a mobilizar pessoas em apoio a diversas organizações da sociedade civil em nosso país, sempre com o objetivo de gerar um impacto positivo na vida daqueles que mais precisam. Percebo que a verdadeira mudança começa com nosso próprio entendimento da missão que assumimos diligentemente e do potencial que temos para contribuir para a construção de relacionamentos mais humanizados. O cuidado com o próximo é uma das formas mais poderosas de transformação, e acredito que mulheres podem liderar esse movimento. A solidariedade é uma das qualidades que mais me impulsionaram ao longo da minha jornada. Muitas vezes, o que mais precisamos não é de grandes soluções, mas de ações simples e conscientes. A doação de tempo, recursos ou habilidades para causas que realmente fazem a diferença pode transformar realidades e, como mulheres, temos uma sensibilidade natural para perceber as necessidades do outro, sendo, muitas vezes, as primeiras a agir para ajudar.

Cheguei até aqui depois de escrever dois livros sobre solidariedade. Minha primeira obra foi o best-seller *E depois que o coração aperta?*, em que eu fazia uma provocação: quando seu coração apertar ao ver a situação de tantas pessoas necessitando de ajuda, não hesite: "bora" ajudar quem precisa! É tão simples, mas tão exigente ao mesmo tempo, concordam?

Envolvidas em nossas próprias ideias e nos afazeres, muitas vezes nos esquecemos de que estamos no mesmo barco do nosso próximo e que precisamos remar juntos para chegarmos a algum lugar. Clichê, vocês devem estar pensando... Sim, mas nós já conseguimos atingir essa meta? Nós já somos solidárias o suficiente para dizermos que estamos fazendo tudo o que está ao nosso alcance para ajudarmos a preservar a dignidade do outro?

Eu sempre digo que uma vida pode ser transformada com um abraço e um olhar atento ao nosso redor. Não digo isso como teoria, mas como uma prática na minha vida. Meu mergulho no mundo da solidariedade não é apenas um desejo passageiro de impulsionar o olhar atento ao próximo, mas a força de cada gesto que pratico no meu dia a dia. Aprendi desde cedo que nós não conseguimos nada sozinhos e tampouco seremos felizes se temos egoísmo em nosso coração. Sou testemunha do olhar de felicidade de meus pais quando chegavam em casa depois de uma ação social realizada na paróquia do nosso bairro. Parece que eles renovavam seu ânimo para continuar a própria luta diária. Que aprendizado maravilhoso, e para a vida inteira! E é sobre isso que me debruço agora me dedicando à mobilização de pessoas para fazerem o bem. Minha atuação não se restringe a pedir ajuda a amigos e à iniciativa privada: também participo de reuniões em prefeituras e nas esferas estaduais e federal, propondo e advogando políticas públicas e emendas necessárias às entidades que apoio.

À esta altura, toco em um ponto importante: como doar e ajudar organizações sociais de forma consciente e segura? Você precisa acompanhar as notícias sobre o Terceiro Setor e visitar instituições que trabalham com a causa que escolheu, para conhecer seus resultados e verificar se as contas são apresentadas com transparência. Além disso, há uma multiplicidade de plataformas online disponíveis para conhecer as organizações, como o Instituto Doar. O Doar é certificadora social e fornece selos e prêmios para as organizações que se destacam no cumprimento de sua missão (Instituto Doar, 2024).

No meu primeiro livro, eu falo sobre a gestão eficiente das Organizações da Sociedade Civil (OSCs) e acredito que essa obra se tornou uma ferramenta importante tanto para gestores como para doadores.

Um site confiável e que oferece uma lista de instituições sérias para quem quiser ser um doador é o Para Quem Doar (www.paraquemdoar.com.br/). Também menciono aqui as organizações da sociedade civil que eu apoio:

1. **Associação Beneficente Comunidade de Amor Rainha da Paz (SP).**
   Causa: acolher e reabilitar pessoas com deficiências e suas famílias.
   abcrainhadapaz.org.br/
2. **Associação de Pais e Amigos dos Excepcionais (Apae) de Barueri (SP).**
   Causa: inclusão de pessoas com deficiências.
   www.apaebarueri.org.br/
3. **Dispensário Santana – Feira de Santana (BA).**
   Causa: abrigo para pessoas idosas, dispõe de escola e salas para cursos profissionalizantes, centro comunitário e posto de saúde.
   www.dispensariosantana.com.br/
4. **Instituto Sofia Vercelli – Osasco (SP).**
   Causa: ser referência na intervenção clínica de crianças com atraso no neurodesenvolvimento e promover a conscientização de que a inclusão é direito e dever de todos.
   institutosophiavercelli.org.br/

Em minha segunda obra, também best-seller *Menos espelhos e mais janelas, com o mesmo entusiasmo de impulsionar a construção de uma sociedade mais gentil e generosa*, provoquei de novo: "Não ande como se vivesse em uma casa rodeada de espelhos, transforme os espelhos em janelas e seja feliz!". O amor ao próximo tem consequências, e uma das mais certas é trazer felicidade constante a quem o pratica. O Venerável Fulton Sheen dizia que "o egoísta deseja tanto ser amado que se esquece de amar e, por isso, jamais será feliz".

DO QUE AS MULHERES PRECISAM HOJE?

Não tenho medo de ser uma voz dissonante em um mundo relativista, mas tenho honestidade emocional para dizer o que digo sobre o papel das mulheres. No livro *A mulher – sua missão segundo a natureza e a graça*, a filósofa alemã Edith Stein, que procurava a Verdade e acabou encontrando Deus e se tornando santa da Igreja Católica, discorre sobre a mulher como uma criatura naturalmente inclinada ao cuidado e à sensibilidade. Ela escreve que a mulher tem uma capacidade única de se doar aos outros, de cultivar o bem em sua família, comunidade e em todo o ambiente onde vive. Stein nos mostra que, ao integrar essa vocação de cuidado com uma vida de ação consciente e amorosa, as mulheres podem alcançar um impacto transformador, tanto em sua própria vida quanto na sociedade. Eu mesma experimentei isso ao longo da minha carreira e atuação na vida cotidiana. Ao apoiar projetos sociais que ajudam mulheres, crianças com necessidades especiais e famílias em situação de vulnerabilidade, percebi como a união de esforços pode transformar comunidades inteiras. Assim como Edith Stein nos ensina, a mulher tem em si o poder de ser uma fonte de transformação, se souber como canalizar sua energia para causas que realmente importam.

Outro ponto fundamental que a filósofa destaca é que ela não vê a mulher como submissa, mas como alguém que possui uma força única e essencial para o equilíbrio do mundo. Quando a mulher se reconcilia com sua natureza, quando abraça sua identidade, ela se torna um instrumento de mudança. Isso é algo que sempre defendi. Especialmente como psicóloga, vejo a importância de as mulheres cuidarem da saúde mental e desenvolverem uma autoestima sólida, o que as capacita a agirem com confiança em suas decisões. Não se trata apenas de uma questão de aparência, mas de profundo entendimento do próprio valor. A mulher que se conhece, se cuida e se respeita é capaz de alcançar objetivos sublimes – seja no mundo corporativo, seja no empreendedorismo ou em qualquer outro campo. Ela se torna uma liderança natural, sem precisar provar nada a ninguém.

E aqui eu faço um parêntese muito necessário no mundo de hoje, que cobra que as mulheres sejam como homens e assumam o protagonismo como homens. Não, não se trata disso! A mulher é duramente atingida e aprisionada no conceito de que ela só se provará forte sendo bem-sucedida na carreira. Vamos nos livrar desse contágio doentio em que as pessoas são inflamadas e perdem a capacidade e a serenidade de refletirem sobre si mesmas. Isso só nos deixa suscetíveis a rótulos e nos impede de sermos livres para fazermos nossas escolhas conscientemente. Temos que dizer não ao coletivismo e ao individualismo e vivermos a vida em comunidade a que fomos chamadas, com empatia. Aonde eu quero chegar com esses ensinamentos de Edith Stein? Bem, na prática, quero dizer que, se quisermos ser donas de casa que cuidam dos filhos em tempo integral, que sejamos! Se quisermos trabalhar meio período, quando isso é possível, também valorizando e priorizando nossa vocação de mães e esposas, que façamos isso! Se decidirmos trabalhar e nos dedicar inteiramente à carreira profissional, que sejamos responsáveis também, segundo nosso estado de vida. O importante é seguirmos nosso coração.

Estudos posteriores confirmam o que Edith Stein havia dito. Além das diferenças biológicas entre homens e mulheres, há diferenças no cérebro: mulheres se atêm mais a pessoas e homens, a coisas (por exemplo, coisas para prover o sustento da família). Essa é a maravilhosa complementaridade entre homens e mulheres. Não obstante, recentemente uma pesquisa da Universidade de Harvard (EUA) constata um movimento bonito na sociedade. O estudo diz que até os homens que são pais estão preferindo trabalhar em empresas com carga horária reduzida para poder dedicar mais tempo para os filhos (Erickson, 2009).

Aqui cabe falar de mais um dos conceitos definidos por Edith Stein. Falo da Massa, que é uma das modalidades de reunião humana que mais desvalorizam o ser humano. Vocês certamente conhecem a expressão "manipulação da massa", que é o que as ideologias fazem conosco e com nossos filhos. A ideologia nos incita a ficarmos uns contra os outros: homens contra mulheres, classe contra classe e por aí vai.

Sou a favor de um feminismo que não professa que a mulher é um modelo mal-acabado de homem, que pode fazer o que quer com seu corpo, pois as consequências são devastadoras e tiram nossa dignidade. Temos que ter domínio sobre nosso corpo e nos respeitar em primeiro lugar. Sim, estou falando contra o aborto, pois, como católica, sei que no momento da concepção Deus já criou aquela alma para a vida.

Hoje, as mulheres enfrentam desafios mais intensos do que nunca: a pressão para ter sucesso em várias frentes, o excesso de responsabilidades e, muitas vezes, a falta de apoio. Precisamos aprender a buscar nosso equilíbrio interno, nossa paz, e saber que não estamos sozinhas nessa jornada. Também precisamos entender que, quando uma de nós cresce, leva outras com ela. E isso se aplica a todas as áreas da vida: no âmbito do trabalho, nas relações familiares, na política e na sociedade como um todo. É de suma importância que encontremos, nós mesmas, a harmonia entre a vida pessoal e a profissional.

O EMPREENDEDORISMO

Muitas mulheres têm superado obstáculos imensos para criar negócios e iniciativas que não só garantem seu sustento, mas também impactam positivamente o mundo e lhes dão mais margem de manobra para organizarem seu tempo. A mulher empreendedora deve saber o que significa desafiar a norma, lutar contra a invisibilidade e conquistar espaço no mercado, e cito o empreendedorismo como uma arma poderosa para abrir portas para outras mulheres.

A fim de ter sustentabilidade em um negócio social ou de outra natureza, busque informações confiáveis para construir e manter uma rede de apoio sólida, seja entre amigas, parentes ou até mesmo mentores, e use o networking a seu favor. Ao longo da minha jornada, fui capaz de contribuir com várias causas, no entanto, muito disso só foi possível porque tive uma força importante que veio da minha família: o diálogo com os familiares e nosso empenho para que conversas frutíferas aconteçam dentro de casa são essenciais para nossos planos decolarem. O empreendedorismo feminino é um caminho desafiador, mas recompensador e vibrante. As frentes de atuação são diversas: educação, saúde, cultura, políticas públicas etc. Nesse caminho, reforço o que Edith Stein nos lembra em sua análise sobre a mulher: nossa vocação não se limita ao que fazemos para nós mesmas, mas se estende ao impacto que podemos gerar no mundo. A mulher é quem gera a vida e cuida da família, mas também é quem pode moldar futuros, pois, criando cidadãos conscientes de que fazemos parte de um grupo e que devemos cuidar do bem-estar uns dos outros, já estamos impactando e transformando a sociedade em um lugar melhor para viver.

Deixo aqui alguns sites para você procurar informações sobre como se tornar uma empreendedora:

- **Empreende Aí:** www.empreendeai.com.br/
- **Serviço Brasileiro de Apoio às Micro e Pequenas Empresas (Sebrae):** www.sebrae.com.br/sites/PortalSebrae
- **Núcleo de Estudos Avançados do Terceiro Setor (NEATS) PUC-SP:** www.pucsp.br/neats
- **Rede Filantropia:** www.filantropia.ong/
- **Associação Brasileira de Captadores de Recursos (ABCR):** captadores.org.br/
- **Instituto para o Desenvolvimento do Investimento Social (IDIS):** www.idis.org.br/

No meu trabalho, sempre busquei construir redes de apoio, unir forças e inspirar outras mulheres a se engajarem em ações que promovam o bem comum. E, vejam, não estou falando de ter ações grandiosas todo dia, mas talvez a primeira delas deva acontecer dentro de você mesma: sinta-se uma mulher forte, confiante e capaz de mudar o mundo. Eu fiz essa experiência, caras leitoras, e estou colhendo os frutos!

REFERÊNCIAS

ERICKSON, T. Your focus: successful children or being a successful parent? *Harvard Business Review*, 04 ago. 2009. Disponível em: https://hbr.org/2009/08/your-focus-successful-children-2. Acesso em: 28 jan. 2025.

INSTITUTO Doar agora é certificadora social: nova marca e propósitos ainda mais inspiradores. Selo doar, 2024. Disponível em: https://selodoar.org/instituto-doar-agora-e-certificadora-social/. Acesso em: 21 fev. 2025.

SUGESTÕES DE LEITURA

STEIN, E. *A estrutura da pessoa humana*. São Paulo: Cântico, 2024.

STEIN, E. *A mulher:* sua missão segundo a natureza e a graça. São Paulo: Ecclesiae, 2020.

CAPÍTULO 18

O peso invisível da dor crônica

Entre o sofrimento e a busca por equilíbrio

Psicóloga clínica com ampla experiência no estudo da dor e reabilitação neuropsicológica. Especialista em terapia cognitivo-comportamental (TCC) pelo Centro Universitário Frassinetti do Recife (Fafire) e em terapia dos esquemas pela Wainer Psicologia, com formação em Neuropsicologia pela Faculdade de Saúde de Pernambuco. Pós-graduanda em Dor pelo Hospital Israelita Albert Einstein e em Neurociência pela Universidade Federal de Pernambuco (UFPE), além de possuir MBA em Reabilitação Neuropsicológica e Desenvolvimento Cognitivo. Membro ativo da Sociedade Brasileira para o Estudo da Dor. Sócia do Núcleo Especializado em Terapia Cognitivo-comportamental (NETCC), também é palestrante e supervisora clínica.

RENATA LIMA

CRP 02/17006

Contatos:

renatapsidor@gmail.com
Instagram: @psirenatallima
@netccpsi
81 99525 3406

A dor crônica é um desafio diário que muitas mulheres enfrentam, com impactos em todos os aspectos de suas vidas. Neste capítulo, exploraremos estratégias para gerenciar a dor e promover o equilíbrio, ajudando a transformar essa jornada em um processo de adaptação. Embora seja uma experiência difícil, o conhecimento e o apoio adequado podem abrir novos caminhos para enfrentar os obstáculos.

UMA DOR QUE CONTA UMA HISTÓRIA

Histórias não são meros registros do passado, mas sim reflexos de batalhas internas e externas que moldam nossa identidade. A dor crônica, por sua vez, frequentemente representa a repetição de uma narrativa que o corpo insiste em contar, revivendo experiências intensas e desafiadoras. Para as mulheres, essa dor vai além do físico: ela carrega as marcas das pressões sociais e emocionais, transformando-se em um testemunho vivo das lutas e vulnerabilidades enfrentadas ao longo de suas trajetórias.

RESSIGNIFICANDO A DOR: UM NOVO CAPÍTULO NA JORNADA DA VIDA

Encerrar o ciclo de sofrimento vai além de tratar a dor física; é reescrever a história. Fortalecimento emocional ajuda mulheres a se reconectarem consigo mesmas e com o mundo. Ao criar um ambiente de acolhimento, a dor deixa de ser apenas um fardo e se transforma em um ponto de partida para mudanças significativas, favorecendo novas perspectivas, autoconhecimento e crescimento. Cada paciente traz ao consultório uma narrativa marcada pela dor, invisível aos outros, mas profundamente sentida por quem a vive.

OS PESOS INVISÍVEIS DA DOR CRÔNICA: O QUE REALMENTE CARREGAMOS

O peso da incompreensão	O fardo do isolamento	Ansiedade e medo	Depressão e as emoções	Perda de funcionalidade	Distorções cognitivas
Dificuldade de ser compreendido em algo invisível e imensurável.	A solidão torna-se constante pelas limitações impostas pela dor.	Preocupação constante com o futuro e suas limitações.	Tristeza, desesperança e dificuldade de encontrar sentido em meio ao sofrimento.	Limitação nas atividades e sensação de incapacidade para tarefas simples ou prazerosas.	Catastrofização e crença de que a dor é permanente, intensificando o sofrimento.

Quadro 1 – Peso da dor crônica.

Fonte: elaborado pela autora com base em Eccleston & Crombez (2007) e Turk & Okifuji (2007).

FORTALECENDO A JORNADA: O PAPEL DA REDE DE APOIO E DAS HABILIDADES SOCIAIS NO ENFRENTAMENTO DA DOR CRÔNICA

Enfrentar a dor crônica é um desafio constante e, com o tempo, esse peso invisível se torna mais intenso, aumentando o isolamento, especialmente pela falta de compreensão e apoio. Nesse cenário, o psicólogo desempenha um papel fundamental em aliviar essa carga, tornando a jornada mais leve. A rede de apoio, composta por familiares, amigos e profissionais, é crucial para enfrentar a dor e preservar a saúde mental, uma vez que o problema não afeta apenas o paciente, mas também a família, especialmente quando ela assume o papel de cuidadora.

Essa realidade exige mais do que cuidados médicos; é necessário cultivar uma comunicação assertiva e habilidades sociais que permitam expressar as necessidades de forma clara e gentil. O treino dessas habilidades facilita a construção de pontes entre quem sofre e o apoio necessário, favorecendo relações saudáveis e, assim, melhorando o processo de enfrentamento. Ao aprender a se comunicar de maneira eficaz, o paciente fortalece a rede de apoio e potencializa estratégias para manter a funcionalidade e melhorar o tratamento.

O IMPACTO EMOCIONAL DA DOR CRÔNICA: ENTRE O SOFRIMENTO E AS DISTORÇÕES COGNITIVAS

O que são distorções cognitivas? Segundo Beck, as distorções cognitivas são "padrões sistemáticos de pensamento distorcido que influenciam negativamente a percepção da realidade, gerando emoções e comportamentos disfuncionais" (Beck, 2022, p. 206).

A dor crônica se intensifica diante de diagnósticos e tratamentos incertos, e distorções cognitivas, como a catastrofização, agravando assim o sofrimento.

APLICAÇÃO DO MODELO COGNITIVO: USANDO O REGISTRO DE PENSAMENTOS DISFUNCIONAIS NA CATASTROFIZAÇÃO

O registro de pensamentos disfuncionais (RPD) é uma ferramenta prática da terapia cognitivo-comportamental (TCC) que auxilia na identificação e modificação de pensamentos distorcidos. Para compreender como isso funciona, vamos utilizar um exemplo prático:

Etapas do modelo cognitivo	Detalhes
Situação	Você sente uma forte dor no início do dia, o que interfere nos planos de trabalho e lazer.
Pensamento automático	"Se estou começando o dia assim, o resto será insuportável. Nunca mais vou melhorar."
Emoções	Ansiedade (90%), tristeza (80%)
Comportamento resultante	Você cancela compromissos e passa o dia paralisado(a), reforçando a sensação de incapacidade.
Contestação do pensamento automático	Pergunte-se: **1.** Existe evidência de que o dia inteiro será insuportável? **2.** Já houve dias em que a dor diminuiu ao longo do dia? **3.** Que ações eu posso tomar agora para aliviar o desconforto e retomar parte da minha rotina?
Pensamento alternativo	"Minha dor está intensa agora, mas tenho ferramentas para manejá-la. Já tive outros dias difíceis e consegui fazer algo produtivo."
Resultado e emoções reavaliadas	Ao adotar o pensamento mais equilibrado, a ansiedade diminui (50%) e você se sente mais capaz de lidar com o restante do dia.

Quadro 2 – Registro de pensamentos disfuncionais (RPD).
Fonte: elaborado pela autora com base em Beck (2021).

TRANSFORMANDO PENSAMENTOS PARA ALIVIAR O SOFRIMENTO

Experimente aplicar o RPD em situações que ativem pensamentos automáticos disfuncionais. Identificar distorções, como a catastrofização, e substituí-las por pensamentos mais realistas pode transformar o impacto emocional da dor crônica, promovendo uma visão mais funcional e esperançosa diante das dificuldades.

A DOR CRÔNICA E SEUS REFLEXOS NA QUALIDADE DE VIDA

A dor crônica afeta diretamente a qualidade de vida (QV), que, segundo a Organização Mundial da Saúde (OMS), é a percepção que uma pessoa tem de sua posição na vida, levando em consideração seu contexto, valores, objetivos e preocupações. A QV engloba aspectos físicos, psicológicos, sociais, de independência, ambiente e espiritualidade, sendo esses fatores avaliados por meio do questionário *World Health Organization Quality of Life* (WHOQOL), desenvolvido pela OMS para medir o impacto desses elementos na vida das pessoas.

Físico	Inclui aspectos como dor, fadiga e sono.
Psicológico	Refere-se ao bem-estar emocional, à autoestima, a pensamentos positivos e à ausência de sofrimento.
Nível de independência	Abrange mobilidade e atividades diárias.
Relações sociais	Considera interações interpessoais e apoio social.
Ambiente	Inclui recursos financeiros, acesso a serviços, moradia e qualidade do ambiente.
Espiritualidade/religiosidade/ crenças pessoais	Refere-se à confiança e à forma como uma pessoa percebe a vida e enfrenta adversidades.

Quadro 3 – Dimensões da qualidade de vida segundo a OMS.
Fonte: elaborado pela autora com base em World Health Organization (1997).

ABORDAGENS MULTIDISCIPLINARES E O PAPEL DA TERAPIA COGNITIVO-COMPORTAMENTAL

O manejo da dor é multidisciplinar, englobando tratamentos farmacológicos, fisioterapia, acupuntura, atividades físicas, relaxamento e psicoterapia em grupo ou individual, com o objetivo de controlar a dor e melhorar a qualidade de vida. A TCC se destaca como uma das abordagens mais eficazes, utilizando estratégias para melhorar o bem-estar do paciente, como:

Estratégia	Descrição
1. Reestruturação cognitiva	Identificar e mudar de pensamentos disfuncionais, como a catastrofização, que aumentam a dor e o sofrimento.
2. Regulação emocional	Administrar as emoções é essencial para reduzir o impacto da dor.
3. Estratégias de enfrentamento	Utilizar-se de técnicas como relaxamento muscular, mindfulness e respiração diafragmática para ajudar na percepção da dor no dia a dia.
4. Promoção de atividades funcionais	Incentivar a retomada gradual das atividades para melhorar a funcionalidade e reduzir a sensação de incapacidade.
5. Foco na qualidade de vida	Estimular o paciente a redefinir objetivos, mantendo a funcionalidade mesmo com a dor crônica.

Quadro 4 – Estratégias para manejo da dor.
Fonte: elaborado pela autora com base em La Porta & Calvetti (2022).

Embora não elimine a dor, essa abordagem proporciona maior controle e resiliência emocional, impactando positivamente as relações interpessoais e a funcionalidade geral. Estudos como os de Eccleston & Crombez (2007) e Turk & Okifuji (2007), destacam a TCC como um tratamento eficaz para a dor crônica, focando na redução do sofrimento emocional e na melhoria da QV.

UMA JORNADA DE DESAFIOS E POSSIBILIDADES

O artigo de Sleutjes (2011) destaca o impacto da dor crônica nas funções cognitivas, especialmente nas habilidades executivas, como planejamento e controle de impulsos. A dor constante sobrecarrega o cérebro, prejudicando a concentração, a memória e a tomada de decisões, podendo até causar mudanças estruturais. Contudo, hábitos saudáveis, como qualidade de sono, exercícios físicos e alimentação equilibrada, aliados ao fortalecimento da rede de apoio, ajudam a preservar as funções cognitivas e a melhorar o bem-estar. Ao adotar uma abordagem equilibrada e multidisciplinar, é possível minimizar o impacto cognitivo da dor crônica e enfrentar seus desafios com mais viabilidade.

GUIA PRÁTICO PARA ENFRENTAR A DOR CRÔNICA: SEU MAPA DO CUIDADO

Área de foco	Descrição resumida	Dica prática
1. Sono	Descanso adequado melhora a memória e o foco.	Estabeleça uma rotina de sono e evite o uso de eletrônicos antes de dormir.
2. Atividade física	Exercícios aliviam a dor e melhoram o humor.	Escolha atividades prazerosas; movimentar o corpo fará a diferença.
3. Alimentação	Alimentos anti-inflamatórios ajudam a reduzir a dor e melhorar a função cerebral.	Consuma alimentos ricos em ômega-3, antioxidantes e fibras. Procure um(a) nutricionista para auxiliar no processo.
4. Atividades cognitivas	A mente ativa melhora a memória e a concentração.	Realize atividades como leitura ou quebra-cabeças.
5. Rede de apoio	O apoio reduz o isolamento e fortalece a resiliência.	Fortaleça sua rede com amigos, familiares e profissionais.

Quadro 5 – Fatores protetores da saúde mental.
Fonte: elaborado pela autora com base em Walker (2018); Beck & Busis (2016) e Kishimi & Koga (2018).

FINALIZANDO COM PROPÓSITO: A TRANSFORMAÇÃO DO SOFRIMENTO EM AUTOCUIDADO

Ao olhar para dentro de si, você poderá perceber quem realmente precisa de cuidado. Ao compreender a verdadeira origem da dor, terá a chance de reescrever esse capítulo de sua história. Transformar o sofrimento em um processo de ressignificação é um passo essencial no caminho do autocuidado. Como disse Haruki Murakami, em seu livro *Do que eu falo quando eu falo de corrida* (2010), "A dor é inevitável, o sofrimento é opcional". Lembre-se: o sofrimento pode ser aliviado quando aprendemos a ter o cuidado por nosso corpo com empatia e compaixão.

REFERÊNCIAS

BARROS, N. *Entendendo a dor.* Porto Alegre: Artmed, 2014.

BECK, J. S. *Terapia cognitivo-comportamental*: teoria e prática. 3. ed. Porto Alegre: Artmed, 2022.

BECK, J. S.; BUSIS, D. B. *Armadilhas da dieta*: treine seu cérebro para emagrecer e nunca mais volte a engordar. São Paulo: WMF Martins Fontes, 2016.

BECK, J. S. *Terapia cognitivo-comportamental*: teoria e prática. Porto Alegre: Artmed, 2021.

DEL PRETTE, A.; DEL PRETTE, Z. P. *Competência social e habilidades sociais*: manual teórico-prático. Petrópolis: Vozes, 2023.

ECCLESTON, C.; CROMBEZ, G. Worry and chronic pain: a misdirected problem solving model. *Pain*, v. 3, pág. 233-236, dez. 2007. DOI: 10.1016/j.pain.2007.09.014. Disponível em: https://pubmed.ncbi.nlm.nih.gov/17961924/. Acesso em: 18 fev. 2025.

FALCONI, A. *Existe vida além da dor*: descubra o caminho para uma vida com mais saúde e menos dor. São Paulo: Gente Autoridade, 2023.

KISHIMI, I.; KOGA, F. *A coragem de não agradar*: como a filosofia pode ajudar você a se libertar da opinião dos outros, superar suas limitações e se tornar a pessoa que deseja. Rio de Janeiro: Sextante, 2018.

LA PORTA, L. G.; CALVETTI, P. Ü. Terapia cognitivo-comportamental e regulação emocional para tratamento da dor crônica em ensaios clínicos randomizados: revisão de escopo. *Revista Brasileira de Terapias Cognitivas*, v. 18, n. 1, p. 94-103, 2022. Disponível em: https://pepsic.bvsalud.org/scielo.php?pid=S1808-56872022000100009&script=sci_abstract. Acesso em: 18 fev. 2025.

LOPES, C. R.; FERRARI, V.; JORGE, C. C. Dor crônica sob a ótica comportamental: compreensão e possibilidades de intervenção. *Revista Psicologia e Saúde*, versão on-line, v. 11, n. 3, set./dez. 2019. Disponível em: https://pepsic.bvsalud.org/scielo.php?script=sci_arttext&pid=S2177-093X2019000300005. Acesso em: 28 jan. 2025.

MURAKAMI, H. *Do que eu falo quando eu falo de corrida*. Trad. Rita Kohl. São Paulo: Alfaguara, 2010.

PORTNOI, A. G. *A psicologia da dor*. São Paulo: Roca, 2014.

SEVERO, L. *Você não precisa sentir dor*: um olhar humanizado e integral sobre o sofrimento dos pacientes com dor crônica. São Paulo: Literare, 2024.

SLEUTJES, A. *Relações entre dor crônica, atenção e memória*. 2011. 147f. Dissertação (Mestrado em Neurologia) – Faculdade de Medicina, Universidade de São Paulo, São Paulo, 2011. Orientador: Manoel Jacobson Teixeira. Disponível em: https://www.teses.usp.br/teses/disponiveis/5/5138/tde-22072011-132819/publico/AdrianaSleutjes.pdf. Acesso em: 28 jan. 2025.

TURK, D. C.; OKIFUJI, A. Psychological factors in chronic pain: evolution and revolution. *Journal of Consulting and Clinical Psychology*, v. 75, n. 6, p. 1149-1163. 2007. Disponível em: https://pubmed.ncbi.nlm.nih.gov/12090376/. Acesso em: 18 fev. 2025.

WALKER, M. *Por que dormimos*. Rio de Janeiro: Intrínseca, 2018.

WORLD HEALTH ORGANIZATION. *WHOQOL*: measuring quality of life. Geneva: World Health Organization, 1997.

CAPÍTULO 19

Mulheres fortes, frágeis, humildes, soberbas, vitoriosas, fracassadas, belas, virtuosas, esforçadas e delicadas

Assim somos nós

Nasceu em 17 de setembro de 1963, em Natal (RN), filha de Joaquim Anizio Dantas e Rosa Campos Dantas, ambos já falecidos. É casada há mais de 25 anos com Luiz C. Procopio. Cursou bacharelado em Pintura na Faculdade de Belas Artes de São Paulo e em Propaganda e Marketing no Seta.

ROSALIA DANTAS

Contatos:

rosaliadantasrd2015@gmail.com
Facebook: Rosalia Dantas
Instagram: @rosaliacdantas
11 94447 8059

Neste capítulo, abordo os obstáculos e a valorização das mulheres. Além disso, lembro do papel das mulheres ao longo da história e reflito sobre sua contribuição para o presente e o futuro. Finalizo com a importância da equidade de gênero na sociedade e o envolvimento da mulher em todas as esferas da vida social, econômica e cultural, o que é essencial para a riqueza de perspectivas e inovações, e a fé em Deus, que guia nossa vida e nos faz realizar o impossível.

Somos todas únicas e singulares, mas muitas de nós ainda não descobriram o tremendo potencial e a influência que exercem no ramo familiar, corporativo e social.

Não existe mulher feia: existe mulher que não sabe enxergar seu próprio brilho e a leveza de seu caminhar.

Devemos operar em um nível muito mais expandido na vida, sentindo amor-próprio, autovalorização, autoestima e com uma posição poderosa na sociedade, sendo amorosas, francas, determinadas e tementes a Deus, superando todas as adversidades.

Temos medo e incertezas, mas precisamos acreditar no nosso potencial e fazer nossa própria história, independentemente da profissão, vocação ou mesmo como donas de casa. A dona de casa coloca a família em primeiro lugar, cuida dos filhos, da alimentação, dos afazeres domésticos e sempre tem uma solução para tudo. E, mesmo depois que a mulher conquistou o direito de trabalhar fora, as obrigações domésticas continuam sob sua responsabilidade, caracterizando uma jornada dupla de trabalho; as tarefas domésticas deveriam ser divididas entre o marido e a esposa.

Mulheres determinadas estão sempre um passo à frente, com atitudes e imposições diante da vida. São confiantes, espertas, humildes, ouvem e aprendem com os outros, identificam suas possibilidades e seus limites.

O apoio que damos umas às outras para atravessar todos os desafios é importantíssimo. Poder usar a roupa que quiser, trabalhar na profissão que ama, falar alto, beber ou se relacionar com outras pessoas é uma decisão unicamente da mulher, e ela não deve ser julgada por isso.

E, por esses motivos, quanto mais mulheres empoderadas no mundo, menos rótulos e estereótipos existirão. Quanto mais mulheres independentes e ocupando cargos de liderança, mais as pessoas entenderão a importância de cada uma e o preconceito tenderá a diminuir e, quem sabe um dia, acabará.

A força feminina desenha um papel único na sociedade. Reconhecer e celebrar as capacidades das mulheres é essencial para promover a igualdade.

Essa força é única e se revela de forma especial em cada mulher. Esse poder aparece quando ela enfrenta dificuldades e ainda assim carrega um sorriso no rosto. É como se cada desafio fosse uma chance de mostrar ao mundo o quanto ela é incrível.

O empoderamento feminino é um processo tanto coletivo quanto individual que vem sendo discutido há algum tempo. As mulheres precisam fortalecer o poder de ação, de voz e de participação, pois viveram reprimidas por muitos anos e estão passando por um processo de conquistas e tendo mais espaço na sociedade.

O conceito de empoderamento feminino surge com o propósito de modificar um histórico de patriarcado e machismo na sociedade, no qual a mulher seguiu um padrão de inferioridade ao longo da história e teve muitos de seus direitos limitados por ser julgada como "sexo frágil" e incapaz.

Em geral, as mulheres estão sobrecarregadas com as tarefas reprodutivas da vida social, enquanto os homens têm mais disponibilidade para atividades de produção. Mesmo com leis de igualdade de gênero e tratados internacionais, ainda existem desigualdades e práticas discriminatórias que persistem em continuar prejudicando pessoas e grupos sociais, assim como muitas barreiras e obstáculos que precisam ser reconhecidos e superados.

Em 2017, a ONU Mulher estabeleceu vários princípios de empoderamento feminino.

- **Liderança:** estabelecer uma liderança corporativa de alto nível para a igualdade entre gêneros.
- **Igualdade de oportunidade, inclusão e não discriminação:** tratar todos os homens e mulheres de forma justa no trabalho – respeitar e apoiar os direitos humanos e a não discriminação.
- **Saúde, segurança e fim da violência:** assegurar a saúde, a segurança e o bem-estar de todas as trabalhadoras e trabalhadores.
- **Educação e formação:** promover a educação, a formação e o desenvolvimento profissional das mulheres.
- **Desenvolvimento empresarial e práticas da cadeia de fornecedores:** implementar o desenvolvimento empresarial e as práticas da cadeia de abastecimento e de marketing que empoderem as mulheres.
- **Liderança comunitária e engajamento:** promover a igualdade por meio de iniciativas comunitárias e de defesa.
- **Acompanhamento, medição e resultados:** mediar e publicar relatórios dos progressos para alcançar a igualdade entre gêneros.

De forma resumida, podemos dizer, então, que ser uma mulher empoderada significa ser dona das suas escolhas. Mas, neste ponto cabe uma importante reflexão: a executiva de uma grande empresa pode não ser empoderada. Por outro lado, a dona de casa pode, sim, ter o poder sobre a sua vida. Então, é preciso deixar claro que o que dá poder à mulher é ela ser livre para fazer suas escolhas. Não cabe à sociedade, portanto, nem mesmo a outras mulheres, julgar a escolha de cada uma. O que cabe, sim, à sociedade é garantir as condições socioeconômicas necessárias para que a mulher seja livre para fazer suas escolhas.

Temos de ampliar espaços de reflexão sobre a violência letal contra as mulheres, permitindo mais discussões acerca das dimensões socioculturais e sexistas para capacitar as mulheres a se empoderar e a fazer parte de uma mudança de paradigma e do desenvolvimento de uma plena cidadania e pertencimento. A violência doméstica e familiar atinge mulheres de todas as idades, de diversas classes sociais, raças, credos, níveis educacionais e profissões.

Temos que intensificar as ações na luta contra a violência doméstica e o feminicídio. Em 2024, houve redução de 5,1% dos casos registrados em relação a 2023. Esse resultado é fruto de uma série de iniciativas do poder público, da sociedade civil e de empresas privadas.

Temos condições de nos unirmos para, de fato, dar mais segurança às mulheres. Não pode ser marketing, não pode ser só um post nas redes sociais. Tem de ser aplicado, tem de ser real e concreto na vida de todas. É nosso papel; é nossa responsabilidade.

Lugar de mulher é onde ela quiser, inclusive na política. A atuação feminina na política é urgente. Almejamos uma realidade na qual as mulheres sejam representantes tanto do Legislativo quanto do Executivo. A inclusão de mais mulheres é uma questão não só de justiça, mas também de interesse público. Não se trata apenas de preencher cotas de gênero, mas de garantir que as vozes, preocupações e perspectivas das mulheres sejam ouvidas e seus direitos sejam defendidos. É de extrema importância para a democracia e para a construção de uma sociedade mais justa e igualitária.

Ainda existem muitos obstáculos. É preciso investir em políticas públicas que incentivem a participação feminina, criando programas de formação de lideranças, e em campanhas de conscientização sobre a importância da mulher na política para garantir a igualdade de oportunidades e a representatividade em todas as esferas da sociedade, construindo um futuro mais justo e equitativo para todas e todos.

Nós, mulheres, encontramos grandes dificuldades em ocupar espaços de poder, de sermos eleitas ou termos voz ativa nas tomadas de decisões políticas. A não ocupação desses espaços nos coloca à margem dos processos de elaboração das políticas públicas, além de enfraquecer a democracia.

Há uma forte presença masculina nos espaços de poder, nos partidos, nos espaços em Legislativos, Executivos e até nos movimentos sociais, mistos e sindicais. Mesmo quando as mulheres são a maioria, o poder é hegemonizado pelos homens. Somos a maioria no eleitorado. Nós podemos mudar a política e o jeito de fazer política.

Estamos em todas as comunidades e temos condições de ampliar a comunicação com o nosso povo a partir da escuta. Podemos fazer a diferença na construção de um novo entendimento do que é política.

A política tem a ver com o preço do alimento, atendimento do SUS, estudo de qualidade, segurança, oportunidades. Tem a ver com as condições que nos são dadas para permanecermos em casa sem sofrermos violência. Política tem tudo a ver com o cotidiano das nossas vidas.

Nós podemos construir a aproximação desse entendimento de política com nossos territórios de existência, fazendo trabalho de base, ouvindo as pessoas. E isso tem a ver com a forma como procuramos o povo para nos comunicarmos, nos aproximarmos das pessoas que nos representam. E isso as mulheres são capazes de entender, porque cuidado envolve escutar e envolve afeto.

Sabemos que é desafiador, mas somos capazes de fazer a diferença, de fazer diferente e de construir uma política do afeto para o bem viver, estabelecida a partir de relações que respeitem as diferenças e admitam maneiras distintas de viver; que cultivem o respeito e a valorização de todas as formas de vida e que construam, a partir de práticas, relações de reciprocidade, pautadas na solidariedade, responsabilidade e coletividade, em que o cuidado e os afetos sejam resguardados por todas e todos.

Existem várias conferências mundiais que buscam dar maior relevância às seguintes propostas de combate à discriminação de gênero, com ações de proteção e fortalecimento em defesa da mulher:

- Igualdade e respeito à diversidade.
- Mulheres e homens são iguais.
- **Equidade:** a todas as pessoas deve ser garantida a igualdade de oportunidades.
- **Autonomia das mulheres:** o poder de decisão sobre sua vida e corpo deve ser assegurado às mulheres.
- **Laicidade do Estado:** as políticas dirigidas às mulheres devem ser formuladas e implementadas independentemente de princípios religiosos.

- **Justiça social:** a redistribuição dos recursos e a busca de superação da desigualdade social devem ser asseguradas às mulheres.
- **Transparência dos atos públicos:** o respeito aos princípios da legalidade, impessoalidade, moralidade, eficiência e publicidade.
- **Participação e controle social:** devem ser garantidos o debate e a participação das mulheres na formulação, implementação, avaliação e controle social das políticas públicas.

Existem vários eixos estratégicos e, sem dúvida, é uma grande conquista do movimento das mulheres, que a cada dia galga espaços efetivos por meio de suas lutas, que devem ser contínuas, propiciando a autonomia das mulheres e preservando sua integridade.

Reconhecemos os tempos desafiadores em que vivemos, mas temos de abraçar o futuro com fé, procurando estar mais preparadas espiritual e emocionalmente. Temos o potencial ilimitado de mudar a sociedade, mas essa mudança virá menos por ativismo e mais por tentarmos ativamente, todos os dias, compreender umas às outras.

O senso de união faz com que, apesar das diferenças, não julguemos umas às outras. Os esforços devem estar sincronizados, cada uma com sua habilidade, pois nossa fé em Deus é inabalável. Com ela, vencemos barreiras aparentemente intransponíveis; a fé nos ajuda a superar dificuldades e alcançar as vitórias.

Mulher, descubra seu poder pessoal: viva na fé com Deus e seja feliz.

AGRADECIMENTOS

Quero agradecer a todas as escritoras, em especial, a minha amiga Marcia Bortolanza, que me convidou a fazer parte deste livro tão inspirador para nós, mulheres.

Cada uma de vocês trará luz, coragem e sabedoria para enriquecer nossas vidas e nossas mentes ao lermos este livro. Que cada palavra lida seja como uma semente plantada, pronta para florescer e transformar a realidade de quem a acolher em seu coração.

E, acima de tudo, agradeço a Deus por ter me concedido a oportunidade de participar deste projeto extraordinário, *Para todas as mulheres do mundo*. Sua orientação e bênção tornam cada passo dado uma verdadeira dádiva.

Obrigada à Literare Books pela oportunidade.

Gratidão!

CAPÍTULO 20

A maratona da vida

42 aprendizados para todas as mulheres do mundo

Executiva, conselheira de empresas, investidora e educadora com mais de 30 anos de experiência em finanças, atuando em novos negócios, multinacionais e grupos familiares, entre eles, Parque da Mônica, Symantec, Metro Jornal e Grupo Bandeirantes de Comunicação. Administradora de empresas, com MBA em Finanças e Controladoria e Especialização em Gestão de Pessoas e mestranda da Fundação Getulio Vargas. Conselheira certificada pela FDC e Board Academy, com especializações na CELINT, Anjos do Brasil. Cofundadora da W-CFO Brazil e da Liga B2P Educação, escola de empreendedorismo. Como maratonista, foi a 38ª brasileira a conquistar a medalha das "Six Majors" e relata seus aprendizados no best-seller *Seis corridas*. "Do mundo corporativo ao pórtico das maratonas, minha jornada foi forjada na crença de que a liderança autêntica começa por viver em harmonia com nossos valores. Ao unir os aprendizados da trajetória C-level e a resiliência das maratonas, descobri que minha missão vai além de escrever um livro."

SARA VELLOSO

Contatos:

www.saravelloso.com.br
sv@saravelloso.com.br
LinkedIn: @saravelloso
Instagram: @saravelloso
11 99975 5309

Este capítulo não é sobre correr, mas sobre a jornada interna de superação, resiliência e autoconhecimento. O aprendizado compartilhado é a experiência real de quem trocou o sedentarismo pela resiliência, enfrentando dores, incertezas e limites – e encontrando na persistência a chave para a transformação. Você está pronta para essa corrida? O importante é dar o primeiro passo.

Fui sedentária até os 40 anos e fumante até os 33. A corrida mudou minha vida; mais que o físico, me transformou como pessoa e profissional.

Não se assuste aqui: nossa maratona será interna. Vamos falar de hábitos, atitudes e formas de enxergar a vida que podem te transformar também. Não estou te convidando para correr 42 km, mas sim para percorrer uma jornada de autoconhecimento e superação. Ao final desta leitura, espero que você enxergue sua própria trajetória com outros olhos e se sinta inspirada a dar seus próximos passos com mais confiança e propósito.

KM 1: SEMPRE SAIBA O SEU PORQUÊ

Se a corrida me ensinou algo, foi que sem um propósito não se chega longe. No início, a empolgação impulsiona, mas quando o percurso fica difícil – e ele sempre ficará –, é o "porquê" que sustenta. A clareza do seu propósito dá sentido ao caminho.

Somos impactados com inúmeras possibilidades a todo momento. Antes de se engajar, avalie seus objetivos para os próximos anos. Tenha marcos claros: 1 ano, 3 anos, 5 anos, 10 anos e talvez até 30 anos. Suas escolhas de hoje devem te levar ao seu destino e você terá mais sucesso se evitar desvios desnecessários.

KM 2: PLANEJAR É FUNDAMENTAL, MAS SE ADAPTAR É ESSENCIAL

A vida muda o percurso sem aviso. Planejar é essencial, mas saber se adaptar faz toda a diferença. Ajustar a rota e improvisar reduz o estresse e traz melhores resultados.

KM 3: VOCÊ NÃO PRECISA ESTAR PRONTA PARA COMEÇAR

Quantas oportunidades você já perdeu por não se sentir 100% pronta? Em quantas formações e especializações você investiu para confirmar seu conhecimento? Se eu tivesse esperado me sentir completamente preparada, não teria corrido nem a primeira maratona. Temos a tendência de menosprezar nosso potencial e ignorar a importância do aprendizado no processo de construção. Comece com o que tem e amplie seu conhecimento no percurso.

KM 4: PEQUENOS AVANÇOS SÃO CONQUISTAS

No começo, a linha de chegada parece tão distante, que dá até desânimo. Mas cada passo te aproxima dela. Cada quilômetro conta. Cada pequeno avanço é uma vitória. Então, celebre o que você já conquistou – mesmo que ainda falte um longo caminho. A soma de pequenas conquistas te levará ao sucesso.

KM 5: VAI DOER, E ESTÁ TUDO BEM

Crescer dói, sim. A transformação exige escolhas difíceis, e algumas doem muito. Nem toda dor exige que você pare, mas algumas precisam ser respeitadas. Aprenda a ouvir seu corpo e sua mente.

KM 6: CUIDE DO SEU CORPO; ELE É SEU MAIOR PATRIMÔNIO

Cuidar do corpo é um ato de amor. Não adianta querer ir longe se você não respeita seus próprios limites. Descansar ou reduzir o ritmo não é fracasso, é estratégia. Alimentar-se bem não é dieta, é combustível. Movimento não é obrigação, é liberdade. Seu corpo te carrega pela vida inteira – trate-o com carinho.

KM 7: VOCÊ NÃO ESTÁ SOZINHA

Correr parece solitário, mas o apoio faz toda a diferença. Quem está ao seu lado? Quem te incentiva e te fortalece? Nunca subestime o poder das conexões. Ter uma rede de apoio pode transformar o caminho.

KM 8: NÃO SE COMPARE

Você não é todo mundo! A famosa frase das nossas mães nunca fez tanto sentido na minha vida. O que é desafiador para um pode ser muito fácil para outro. Algumas vezes, as pessoas não são tão sinceras em relação às suas realizações e a comparação mina suas energias. No mundo virtual, dificilmente será revelada a verdadeira história por trás de cada foto. Cada pessoa tem seu próprio ritmo. Comparar-se aos outros só traz frustração. Concentre-se no seu percurso, no seu progresso, na sua evolução. O que importa é fazer o seu melhor hoje, se possível melhor do que ontem, e não melhor do que alguém.

KM 9: ÀS VEZES, VOCÊ VAI QUERER DESISTIR

E eu te digo: isso é normal. Escorregar na dieta, faltar a um treino ou não colocar seu melhor esforço no projeto faz parte da jornada. Mas antes de parar, pergunte-se: "Por que comecei?". O propósito certo sempre será mais forte que a dúvida. Não é o mais forte nem o mais rápido que vence, mas sim o que nunca desiste.

KM 10: TENHA PACIÊNCIA CONSIGO MESMA

A evolução leva tempo. Como em uma construção, os alicerces são invisíveis, mas fundamentais. Mesmo que ninguém veja – nem mesmo você –, são eles que garantem a sustentação para o que está por vir.

KM 11: O MUNDO NÃO PARA, MAS VOCÊ PODE PARAR

Descanso não é perder tempo. Descansar é treinar a resiliência e deve fazer parte do seu planejamento de vida. Parar para recuperar a energia é parte do processo. Quem corre sem parar, uma hora quebra. É como uma corda submetida a mais tensão do que pode suportar. Funciona por um tempo, mas depois se rompe, e a emenda, quando possível, deixa cicatrizes.

KM 12: O MEDO É INEVITÁVEL, MAS O FRACASSO É UMA ESCOLHA

Não existe jornada sem medo. Ele aparece nos momentos decisivos, quando a incerteza bate à porta e a dúvida tenta nos paralisar. Mas há uma diferença entre sentir medo e ser dominada por ele. O medo é um aviso, uma proteção, não um bloqueio. Você pode reconhecer sua presença sem permitir que ele determine seus passos. No fundo, o medo só tem poder sobre você se você decidir parar por causa dele. Então, respire fundo, ajuste sua postura e siga em frente.

KM 13: NEM SEMPRE SERÁ DIVERTIDO – E TUDO BEM

A empolgação inicial pode desaparecer. O frio na barriga dos primeiros passos, a adrenalina do começo, tudo isso dá lugar à rotina, ao esforço constante, ao desgaste inevitável. E, nesses momentos, são a disciplina e a resiliência que vão te carregar. Se você só correr nos dias bons, nunca cruzará a linha de chegada. Nos dias difíceis, lembre-se: um passo de cada vez ainda é um avanço.

KM 14: AJUSTE SUA ESTRATÉGIA CONFORME O PERCURSO

Mudanças fazem parte do caminho. O que funcionou até aqui pode não ser o suficiente para os próximos desafios. Adaptar-se não é fraqueza – é estratégia.

KM 15: SUA MENTE PODE SER SUA MAIOR ALIADA – OU SUA PIOR INIMIGA

O corpo segue o que a mente comanda. Se seus pensamentos forem de dúvida, cansaço e desistência, seu corpo responderá com desânimo e fadiga. Mas se você alimentar sua mente com crenças fortalecedoras, seu corpo encontrará forças para continuar. Observe o que você pensa quando enfrenta desafios. Se sua voz interna não estiver te incentivando, talvez seja hora de trocar o discurso.

KM 16: SEU RITMO É SEU – RESPEITE-O

Comparar-se desgasta. Seu ritmo e seu caminho são únicos. Respeite seu tempo e suas necessidades – basta ser melhor do que ontem.

KM 17: HAVERÁ MOMENTOS DE SOLIDÃO – E ELES SÃO VALIOSOS

Nem todo mundo vai entender seu caminho. Algumas pessoas vão questionar suas escolhas, outras simplesmente não conseguirão acompanhar. E tudo bem. Estar sozinha não é sinônimo de estar perdida. Muitas das respostas que buscamos só aparecem quando aprendemos a caminhar sozinhas por um tempo. A solitude pode ser um presente quando você aprende a escutar a si mesma.

KM 18: FRACASSOS FAZEM PARTE DO JOGO

Ninguém chega ao topo sem tropeçar algumas vezes. Errar faz parte do processo, e cada erro traz um aprendizado valioso. O problema não é cair, é não se levantar. Se uma estratégia falhou, ajuste-a. Se um plano não deu certo, reformule-o. Mas nunca deixe que uma queda te impeça de continuar.

KM 19: O MAIOR DESAFIO ESTÁ DENTRO DE VOCÊ

Mais do que a distância, o maior obstáculo da maratona – e da vida – é a sua própria mente. Acreditar que pode é o primeiro passo para conseguir.

KM 20: NÃO IGNORE OS SINAIS DO SEU CORPO

Existe uma diferença entre desconforto e exaustão, entre um desafio saudável e um limite perigoso. Se você ignorar os sinais de cansaço e sobrecarga, seu corpo e sua mente cobrarão o preço. Pausar não é fraqueza – é prevenção.

KM 21: CONFIE NO SEU TREINO

Na corrida, a preparação é o que define o resultado. No grande dia, não há mais o que aprender ou melhorar – há apenas a execução do que você treinou. Na vida, acontece o mesmo. Quando um grande desafio surgir, confie no que você construiu. Seu esforço até aqui não foi em vão. E sempre haverá aprendizado no percurso.

KM 22: DESFRUTE O CAMINHO

A linha de chegada é importante, mas não é o único motivo que te mantém no percurso. A felicidade não está apenas na conquista, mas no processo de chegar até ela e na pessoa que você se torna.

KM 23: "A DOR É PASSAGEIRA, MAS A GLÓRIA É ETERNA" (*PEARL HARBOR*)

Seus objetivos nascem na sua mente e é ela quem conduzirá seu corpo. No momento mais difícil, quando pensar em parar, lembre-se do orgulho que sentirá ao cruzar sua própria linha de chegada.

KM 24: PEQUENOS AJUSTES FAZEM GRANDE DIFERENÇA

Pequenas mudanças na rotina, no mindset e nas decisões diárias podem ter um impacto enorme ao longo do tempo. Olhe para os detalhes e faça pequenos ajustes, sempre!

KM 25: NINGUÉM CHEGA SOZINHO

Quem te fortalece? Quem te inspira? Quem te impulsiona? Valorize as conexões. Tenha ídolos.

KM 26: O MEDO VEM, MAS A CORAGEM RESPONDE

Coragem não é ausência de medo; é agir apesar do medo. Avance mesmo com receio, porque do outro lado está sua transformação e sempre há alguém torcendo por você.

KM 27: O IMPOSSÍVEL DE ONTEM É O REALIZADO DE HOJE

A jornada prova que somos mais fortes do que imaginamos. Liste seu progresso e materialize tudo o que já conquistou.

KM 28: SEU CORPO PODE MAIS DO QUE VOCÊ IMAGINA

Mas sua mente precisa acreditar primeiro. Muitas vezes, o que nos limita não é a capacidade real, mas as crenças que carregamos. Se você não se desafiar, nunca saberá do que realmente é capaz.

KM 29: A PARTE MAIS DIFÍCIL NÃO É COMEÇAR – É CONTINUAR

O entusiasmo do início não dura para sempre. Manter a constância é mais difícil do que iniciar algo novo. Mas é isso que separa aqueles que sonham daqueles que realizam. Disciplina é a palavra-chave.

KM 30: VOCÊ É CAPAZ DE MAIS DO QUE PENSA

Muitas vezes, subestimamos nossa força e nos escondemos atrás de inseguranças. Mas basta seguir em frente para descobrir que podemos mais do que imaginávamos.

KM 31: O "MURO" VEM PARA TODOS

Mas ele não é um limite real – é um desafio mental. Quando chegar nesse ponto, respire, ajuste seu ritmo e continue. A superação acontece quando você escolhe continuar.

KM 32: A SUPERAÇÃO ACONTECE UM PASSO DE CADA VEZ

Não tente resolver tudo de uma vez. Concentre-se no próximo passo, e depois no próximo. Quando você olha para o desafio inteiro, ele pode parecer esmagador. Mas quando foca apenas no próximo quilômetro, na próxima decisão, na próxima atitude, o caminho se torna mais leve. Pequenos passos levam a grandes conquistas.

KM 33: ACEITE O APOIO QUANDO PRECISAR

Muitas vezes, queremos provar que conseguimos sozinhas. Mas não há fraqueza em pedir ajuda. Pelo contrário, reconhecer quando precisamos de apoio é sinal de inteligência e maturidade e aceitar ajuda pode fazer toda a diferença.

KM 34: O PRAZER ESTÁ NA JORNADA, NÃO SÓ NO DESTINO

Se você não aprender a aproveitar o caminho, a linha de chegada nunca será suficiente. Ela é efêmera. Muitas pessoas esperam um grande momento para serem felizes – a conquista de um título, uma promoção, um sonho realizado. Mas a felicidade não está no destino, e sim no percurso. É nele que construímos memórias e nos transformamos.

KM 35: DESAFIE SEUS LIMITES, MAS COM SABEDORIA

Ultrapassar seus limites é fundamental para o crescimento, mas saber quando parar é o que te mantém inteira.

KM 36: LEMBRE-SE DE RESPIRAR

Nos momentos difíceis, pare, respire e continue. A respiração é a âncora que nos mantém no presente. Respirar conscientemente nos ajuda a encontrar clareza e força para seguir.

KM 37: SEU CAMINHO INSPIRA OUTRAS PESSOAS

Alguém está te observando e se inspirando em sua resiliência, coragem e determinação.

KM 38: CELEBRE CADA CONQUISTA

Não espere a linha de chegada para reconhecer seu progresso. Cada etapa superada é motivo de celebração. Muitas vezes, nos cobramos tanto, que esquecemos de valorizar nossas conquistas. Então, antes de focar no que ainda falta, reconheça tudo o que já conquistou.

KM 39: VOCÊ JÁ CHEGOU MUITO LONGE

Olhamos para a frente e vemos tudo o que ainda queremos alcançar, mas raramente olhamos para trás para ver tudo o que já percorremos. Valorize sua evolução. Você não é mais a mesma pessoa que começou essa jornada.

KM 40: A LINHA DE CHEGADA É SÓ UM NOVO COMEÇO

Muitas vezes, passamos meses nos preparando para um grande objetivo e, quando finalmente o alcançamos, nos perguntamos: "E agora?". A verdade é que toda conquista nos leva a um novo desafio. O aprendizado, a superação e o crescimento não terminam na linha de chegada – ali é um novo começo.

KM 41: VOCÊ CRUZOU A LINHA DE CHEGADA! E AGORA?

Cruzar a linha de chegada traz um misto de euforia e vazio. O que vem depois da vitória? Celebre o momento, sinta orgulho da sua conquista, mas lembre-se: toda chegada é, na verdade, um novo ponto de partida.

KM 42: A RESPOSTA? CONTINUE CORRENDO

A vida é dinâmica e está em constante movimento. Haverá sempre um novo percurso, novos desafios e uma nova versão de você.

Se precisar recomeçar, Recomece! Como disse Heráclito: "Nenhum homem pode banhar-se duas vezes no mesmo rio, pois na segunda vez o rio já não é o mesmo, tampouco o homem".

REFERÊNCIA

PEARL Harbor. Direção de Michael Bay. Burbank: Buena Vista, 2001. Disponível para streaming em: Disney+ (183 min.).

CAPÍTULO 21

O empreendedorismo feminino

Recomeço, resiliência e planejamento estratégico

Especialista no mercado imobiliário, com mais de 15 anos de experiência, atuando em três continentes. Possui mestrado e doutorado em Gestão Imobiliária e Desenvolvimento Urbano, com foco em estratégias de vendas, incorporação, gestão de imóveis, desenvolvimento e sustentabilidade no setor. Ela se destaca pela capacidade de gerar resultados consistentes e construir relações duradouras, ajudando empresas e investidores a otimizarem operações e maximizarem ganhos. Como empresária, lidera projetos inovadores no mercado imobiliário e é autora de dois best-sellers na área de negócios. É também palestrante renomada, abordando temas como tendências do setor, inovação e sustentabilidade. Reconhecida por sua habilidade em analisar cenários econômicos e implementar soluções inovadoras, ela integra práticas sustentáveis nas estratégias imobiliárias, ajudando investidores a explorarem as diversas modalidades do mercado imobiliário com segurança e rentabilidade a longo prazo.

SOPHIA MARTINS

Contatos:

Instagram: @sophiamartins_sp
LinkedIn: www.linkedin.com/in/sophia-martins-2a69a5104/

O empreendedorismo feminino envolve visão, disciplina e ação, independentemente da idade. Mulheres como Coco Chanel, Oprah Winfrey, Sara Blakely e Indra Nooyi mostram que resiliência e planejamento estratégico, como demonstrado no método OKR, são essenciais para o sucesso. Começar pequeno, manter a disciplina e aprender com os desafios são passos-chave para alcançar o sucesso.

O empreendedorismo feminino é uma jornada única, cheia de altos e baixos, mas, acima de tudo, é uma estrada repleta de oportunidades incríveis. Quando uma mulher decide abrir seu próprio negócio, ela não está apenas buscando uma fonte de renda – está construindo um legado, quebrando barreiras e desafiando expectativas. A sociedade ainda tende a colocar as mulheres em categorias limitantes, mas, quando uma mulher se dedica a empreender, ela toma um passo em direção ao sucesso e abre portas para outras mulheres que podem vir depois dela.

No entanto, como todas sabemos, o caminho nem sempre é fácil. Muitos obstáculos, internos e externos, surgem pelo caminho. Alguns deles são falta de recursos, a discriminação de gênero, a pressão para equilibrar as responsabilidades familiares com as profissionais e, claro, as inúmeras dúvidas e inseguranças pessoais. Não é incomum que, por vezes, as mulheres se sintam sobrecarregadas e com medo de falhar em seus projetos. No entanto, o que se aprende nessa caminhada é que, com visão, coragem, disciplina e a dose certa de planejamento, é possível transformar até os maiores desafios em trampolins para o sucesso.

Neste capítulo, quero te convidar a olhar para o empreendedorismo de uma forma diferente – mais profunda, mais prática e, sobretudo, mais humana. Vamos conversar sobre como se reerguer, como mudar de rumo, como planejar de forma inteligente e como agir com disciplina, mesmo quando as dúvidas e o medo batem à porta. O que importa não é sua idade, sua experiência ou de onde você veio. O que realmente importa é aonde você quer chegar, o que deseja criar e o legado que quer deixar.

O EMPREENDEDORISMO DA MULHER: NÃO IMPORTA A IDADE, IMPORTA O OBJETIVO

Muitas vezes, a sociedade tenta nos dizer que o empreendedorismo é coisa de jovens ousadas, com muita energia, dinheiro e uma tonelada de experiências. No entanto, a verdade é que o momento certo para empreender é sempre o agora. Não importa se você tem 20, 40 ou 60 anos – o que realmente importa é o objetivo que deseja alcançar. Grandes mulheres como Coco Chanel, Oprah Winfrey, Sara Blakely e Indra Nooyi mostram que, para ser bem-sucedida, você não precisa seguir um roteiro pronto e linear. O que você precisa é de coragem, disciplina e, claro, ação. Essas mulheres começaram suas jornadas em momentos e circunstâncias diferentes, mas todas compartilham algo em comum: uma visão clara do que queriam conquistar.

COCO CHANEL: DA POBREZA AO IMPÉRIO DA MODA

A trajetória de Coco Chanel é uma das histórias mais emblemáticas de superação. Ela nasceu em um orfanato, cresceu em dificuldades financeiras e começou a trabalhar como costureira. Quando desafiou o mundo da moda, foi considerada uma "intrusa", uma mulher sem o status ou a educação necessária para criar algo relevante. E, no entanto, ela fez história. Coco não se conformou com o tradicional, e sua ousadia transformou o mercado da moda para sempre. Ela inovou ao trazer roupas mais simples e funcionais para as mulheres, o que para a época foi uma verdadeira revolução.

Lição: a persistência e a coragem para romper com as normas são essenciais para o sucesso. O passado de Coco, longe de ser um obstáculo, foi o combustível para que ela quebrasse todas as expectativas e criasse um império que perdura até hoje. Não importa de onde você veio; o importante é a visão que você tem do futuro. Ela nos ensina que a inovação e a ousadia podem transformar uma ideia simples em um império mundial, desde que se tenha a coragem de acreditar no próprio potencial.

OPRAH WINFREY: TRANSFORMANDO O PASSADO EM PODER

Oprah Winfrey é uma das maiores influências da nossa geração. Sua história não começa em um tapete vermelho, mas sim em uma infância difícil e cheia de adversidades. Passou por abusos, pobreza extrema e rejeições no começo da carreira. Ela foi até demitida de seu primeiro trabalho como repórter, sendo considerada "inadequada para a TV". No entanto, Oprah usou todos esses desafios como combustível para sua reinvenção. Sua habilidade de se conectar com as pessoas, contar histórias com empatia e autenticidade fez dela uma das mulheres mais poderosas do mundo.

Lição: resiliência e reinvenção são as chaves para o sucesso. Não importa o quanto você já sofreu ou foi rejeitada; o que conta é a maneira como você usa essas experiências para criar algo maior, algo mais poderoso. A capacidade de se reinventar e de não se definir pelos fracassos do passado é o que permite a todas nós seguir em frente. Oprah nos ensina que o sofrimento pode ser uma escola de aprendizado e que a superação é sempre possível quando se tem foco e se busca a autenticidade.

SARA BLAKELY: DO FRACASSO AO IMPÉRIO DA SPANX

Sara Blakely começou sua jornada com apenas cinco mil dólares no bolso e uma ideia aparentemente simples: criar uma lingerie que ajudasse as mulheres a se sentirem mais confiantes e confortáveis. Antes de fundar a Spanx, ela havia falhado em várias outras tentativas de carreira e foi rejeitada por dezenas de investidores. Sua ideia foi considerada "sem futuro". Mas Sara não desistiu. Ela transformou um simples protótipo em um negócio bilionário, e hoje é uma das mulheres mais bem-sucedidas do mundo.

Lição: o fracasso é um trampolim, não um fim. A coragem de continuar mesmo após o fracasso é uma das maiores virtudes de uma empreendedora. Cada "não" que ela recebeu foi uma oportunidade de aprendizado, e Sara nunca deixou que isso a impedisse de continuar tentando. O sucesso é construído sobre a persistência. A história de Sara Blakely nos ensina que as falhas não são o fim do caminho, mas uma oportunidade de aprender, se reinventar e recomeçar com mais sabedoria.

INDRA NOOYI: LIDERANDO COM VISÃO E EMPATIA

Indra Nooyi, ex-CEO da PepsiCo, é uma das mulheres mais respeitadas do mundo corporativo. Ela quebrou inúmeras barreiras ao longo de sua carreira, não apenas em relação ao gênero, mas também ao levar um ponto de vista inovador para o mundo dos negócios. Ela é uma líder que não apenas se preocupou com o crescimento financeiro da PepsiCo, mas também com a responsabilidade social e o impacto ambiental. Sua visão holística e empatia definiram o sucesso da empresa, colocando-a como uma das CEOs mais admiradas do mundo.

Lição: o sucesso não é apenas financeiro; ele deve estar alinhado com valores maiores, como propósito e responsabilidade social. Indra mostrou que a liderança é mais do que comandar – é inspirar e promover mudanças reais no mundo. Sua jornada nos ensina que ser um líder de sucesso vai além do lucro, e que uma visão humana e ética pode transformar uma organização, criando um impacto positivo duradouro.

DISCIPLINA: A BASE DO SUCESSO

É fácil sonhar com o sucesso, mas a disciplina é o que faz esses sonhos acontecerem. O que separa aqueles que têm ideias brilhantes daqueles que realmente alcançam o sucesso é a disciplina para trabalhar todos os dias em direção a seus objetivos. A rotina, o foco e a perseverança são as chaves para transformar grandes ideias em realizações concretas.

Dicas de disciplina para mulheres empreendedoras:

- **Tenha metas claras e de longo prazo**: saiba aonde quer chegar, como Oprah fez. Ela definiu sua missão desde o início: criar uma plataforma que oferecesse vozes e histórias autênticas. Para você, qual é o impacto que deseja gerar? Qual será seu legado?
- **Organize-se para o sucesso**: a gestão do tempo é a chave para uma rotina produtiva. Separe blocos de tempo para seu negócio, sua saúde e seu lazer. O segredo está na qualidade do seu tempo, não na quantidade.
- **Seja uma aprendiz constante**: o mercado está em constante transformação. Estude, invista em cursos e esteja sempre aprendendo. Seja como Coco Chanel, que estudava cada movimento de seu mercado e trazia sempre inovação.
- **Construa uma mentalidade resiliente**: a disciplina não se refere apenas a ações, mas a como você pensa. Treine sua mente para ser forte, para lidar com o estresse, a dúvida e a frustração. A resiliência emocional é a chave para seguir em frente, mesmo nos momentos difíceis.

PLANEJAMENTO ESTRATÉGICO: O MAPA DO SUCESSO

Vamos falar sobre planejamento, mas de uma forma inteligente e moderna. O método OKR (*Objectives and Key Results*), criado por Andy Grove na Intel e popularizado por empresas como Google, é uma excelente forma de se planejar de maneira estratégica e flexível. Ao contrário do método SMART, que foca em metas de curto prazo, o OKR oferece uma abordagem mais ampla e estratégica. Aqui, o foco está em resultados, não em atividades.

Como aplicar o OKR no seu negócio:

1. **Defina objetivos ambiciosos (O)**: se você quer realmente fazer a diferença, seus objetivos precisam ser ousados e inspiradores. Pense grande. Por exemplo: "Ser reconhecida como a líder do mercado de produtos sustentáveis até 2026".
2. **Estabeleça resultados-chave (KR)**: para cada objetivo, crie resultados-chave mensuráveis. Por exemplo: "Aumentar o tráfego do meu site em 30% nos próximos 6 meses".
3. **Revise seus OKRs frequentemente**: o OKR é um método ágil. Faça ajustes rápidos, revisite seus objetivos e mensure o progresso. Isso vai ajudá-la a se adaptar rapidamente às mudanças do mercado.

TIRAR DO PAPEL: A HORA DE AGIR

É natural sentir medo ou insegurança, mas o mais importante é começar. O primeiro passo é sempre o mais difícil, mas é também o mais decisivo. A procrastinação é uma das maiores inimigas do sucesso. A ação é o que transforma ideias em resultados reais.

Como sair do papel:

- **Comece pequeno, mas comece**: você não precisa ter tudo pronto de uma vez. Comece com algo simples, como um protótipo ou um projeto menor. O importante é iniciar.
- **Foque na execução diária**: o sucesso está nos pequenos passos dados todos os dias. A consistência é o que realmente importa.
- **Crie uma rede de apoio**: cercar-se de outras mulheres empreendedoras, mentores ou colegas de profissão pode acelerar seu crescimento. Não tenha vergonha de pedir ajuda ou compartilhar suas ideias.

O CAMINHO PARA SEU SUCESSO

Agora, olhe para sua própria jornada. Quais são suas metas? O que você pode fazer hoje para dar o primeiro passo? O futuro é construído por aquelas que acreditam em seu potencial e agiram para torná-lo realidade. O momento perfeito é agora. O sucesso começa com o primeiro passo.

CAPÍTULO 22

Chamas da vida

Esposa e mãe, advogada e empresária no mercado imobiliário, proprietária da Casa Up Negócios Imobiliários. Pós-graduada em Neurociência Aplicada a Negócios e tem MBA em Gestão de Negócios. Escritora, idealizadora do podcast "Papo legal com Tati", disponível no YouTube e no Spotify, palestrante e incorporadora. Trabalha em parceria com profissionais internacionais nos Estados Unidos e em Dubai, conectando mercados globais e oferecendo investimentos no setor imobiliário.

DRA. TATIANI GURGEL

Foto tirada um ano após acidente.

Contatos:

Instagram: @tatigurgel.imoveis
YouTube: Papo Legal com Tati
Facebook: Tatiani Gurgel

A vida pode mudar em um instante. A dor, os desafios e as incertezas pareciam insuperáveis, mas os pilares que construí ao longo da minha jornada foram essenciais para minha superação. Foi neles que me apoiei para viver o processo e alcançar o sucesso.

De férias, aproveitando o friozinho da Califórnia, de frente para o Pier 14, na cidade de São Francisco, ao som das gaivotas e das embarcações, acordei inspirada para contar a vocês minha história de superação.

Como advogada e empresária no ramo imobiliário, como obra do acaso e da vida que sempre nos prega uma peça, a casa que sempre foi a realização de um sonho para mim e para meus clientes foi também palco de um dos momentos mais difíceis da minha vida.

Na tarde de 26 de julho de 2022, eu estava em casa. Havíamos acabado de construir nossa casa, tudo como sempre sonhamos; era mais um sonho realizado. Fazia apenas 10 dias que havíamos nos mudado. Naquele dia, eu estava finalizando a faxina da casa nova e havia retirado, juntamente com minha funcionária, as últimas caixas da mudança e organizado tudo. Estava tudo lindo, limpo e cheiroso.

Havíamos colocado uma lareira ecológica na sala para nos aquecer nos dias frios de inverno. Nossa cidade, Vinhedo, próxima a São Paulo, é muito fria nos meses de junho e julho.

Com a casa arrumada, decidi celebrar aquele dia com meu marido. Ele estava a caminho de casa e meus filhos estavam viajando. Seria um dia perfeito para tomarmos um bom vinho e acendermos pela primeira vez a nossa lareira.

Eu estava ansiosa e mal podia esperar pela chegada dele para acender a lareira. O combustível que a acende é fluido/álcool 92%, ou etanol automotivo, de acordo com a instrução do fabricante de lareiras ecológicas. Eu havia comprado dois litros de etanol no posto de gasolina, próximo à minha casa.

Acendi a lareira para esperar meu marido. O fogo aceso iluminava e aquecia toda a sala. Deitei-me no sofá e fiquei por alguns bons minutos aproveitando aquele calor gostoso e pensando nas coisas boas da vida, ato muito cotidiano na minha vida: pensar nas coisas boas da vida e agradecer a Deus.

Passado algum tempo, o fogo da lareira se apagou, pouco antes de o meu marido chegar. Pensei em repor o álcool e acendê-la novamente, mas algo (anjos) me disse para aguardar. Então eu esperei. Quando ele chegou, eu mal o cumprimentei, e já fui logo repor o álcool para acender novamente. Estava ansiosa para mostrar a lareira acesa para ele.

Para minha grande surpresa, ainda havia resquício de chamas no fundo da lareira, que não estavam visíveis. Virei o galão, com dois litros de álcool no recipiente; quando a primeira gota de álcool caiu, BUMMM! Foi uma grande explosão; virei uma bola de fogo porque o álcool se espalhou pelo meu corpo, mais próximo ao rosto, pescoço e pernas. Meu marido foi muito ágil; me jogou na piscina para apagar o fogo, mas os poucos segundos foram suficientes para queimar 43% do meu corpo, com queimaduras de segundo e terceiro graus, e me colocar em uma cama de hospital por quase dois meses. Além disso, tive de me submeter a 20 procedimentos cirúrgicos durante esse período.

Como você explica quando as coisas não saem como esperado? Ou melhor, como você explica quando os outros são capazes de alcançar coisas que desafiam todas as suposições?

Alguns dias antes do acidente eu estava sentada com meu marido. Nós estávamos muito felizes e agradecidos a Deus pela nossa vida, e naquele momento perguntei a ele: "Amor, nossa vida está tão boa. Você acha que, se algo de ruim acontecer conosco um dia, estaremos preparados?". Naquele momento ficamos mudos, porque não tínhamos uma resposta.

Mas, logo depois que passamos por esse processo, a resposta para aquela pergunta era que claramente estávamos preparados. E estávamos preparados porque havíamos construído os quatro pilares da vida que nos sustentam durante todo processo e que nos permitem alcançar o sucesso.

PRIMEIRO PILAR

O primeiro deles é família e amigos verdadeiros. Não é possível viver e passar por qualquer processo na vida sozinho. Meu marido, além de me salvar, se mudou para o hospital comigo e ficou os quase dois meses internado ao meu lado, cuidando de tudo para que eu tivesse os melhores cuidados possíveis. Meus filhos, eles abraçaram meu propósito. Porque propósito não é linha de chegada; é a jornada.

Minha mãe revezava com meu marido no hospital quando ele precisava ir em casa trocar as malas, e cuidava de mim com todo o amor de uma mãe. Ela largou tudo para cuidar da minha casa e dos meus filhos. Meus dias no hospital foram repletos de amor e de cuidados.

As enfermeiras e os médicos que cuidaram de mim durante aquele período se tornaram como família e serei eternamente grata a eles por todo amor e dedicação em meu tratamento. Recebi muitas mensagens de carinho e visitas de amigos queridos, que me fortaleciam diariamente.

A família e os amigos são âncoras em tempos de tempestades, trazendo estabilidade e esperança. Seu apoio nos ajuda a transformar os pequenos passos em grandes vitórias. Eu precisava estar viva por essas pessoas.

Era difícil para mim, mas muito mais para eles, porque minha dor era física e a deles era na alma. Precisei ser forte para eles e isso me impulsionou a caminhar e a fazer o que era preciso.

Aprendemos juntos que a felicidade não está nos prazeres da vida; a felicidade plena está na conquista por meio do sacrifício, e viver o sacrifício em conjunto é mais leve.

SEGUNDO PILAR

O segundo pilar, não menos importante, é ter recursos financeiros.

Quando acontece alguma coisa com a gente, acabamos por nos conectar com pessoas que passaram por coisas parecidas. Comigo não foi diferente: conheci pessoas que também sofreram queimaduras, pessoas que tocaram meu coração, porque mesmo tendo sofrido acidentes menos graves que o meu, algumas ficaram com sequelas muito graves e outras nem sobreviveram, pois não tiveram as mesmas oportunidades de tratamento que eu tive, em um dos melhores hospitais do mundo, o Albert Einstein. 20 mil pessoas morreram queimadas no Brasil nos últimos cinco anos.

Foi então que entendi a real necessidade de ter uma vida próspera, que vai além de construir casa, comprar carros e fazer viagens incríveis. Vai além de viver uma vida extraordinária; isso também é bom, mas precisamos ter dinheiro para eventualidades, como essa que aconteceu comigo. Se não tivéssemos recursos financeiros, um ótimo plano de saúde e seguro de vida, eu não estaria aqui hoje com tão poucas cicatrizes.

Ter dinheiro não é uma coisa ruim. É necessário. Tem gente que diz que dinheiro não traz felicidade. Quando eu escuto isso, digo: dê-me o seu e seja feliz!

Jesus disse: "É mais fácil um camelo passar pelo fundo de uma agulha do que um rico entrar no Reino de Deus" (Marcos 10:23), porque infelizmente a maioria dos ricos são soberbos, mas Ele não disse que o rico não entraria em Seu Reino.

Outra crença sobre dinheiro é a de que a pessoa que ganha dinheiro está ligada a esquemas de corrupção ou coisas ilegais. Isso também é uma verdade, claro que existem enriquecimentos ilícitos, mas tem muita gente ganhando dinheiro honestamente e fazendo a diferença no mundo. Quanto mais dinheiro você ganha, mais pessoas você pode ajudar, mais você emprega, mais você frutifica na vida do outro.

Abraham Lincoln disse: "Não ajudará os pobres se eliminar os ricos".

Talvez hoje o seu processo seja justamente este: a falta de recursos financeiros. E, com relação a isso, vou te dar alguns pequenos conselhos, mas muito valiosos.

Você precisa ter clareza de onde quer chegar. Definir uma visão de futuro não me permite que eu viva o presente de qualquer jeito, procrastinando, sem disciplina e sem comprometimento. "Só suporta a obra quem tem a visão da casa pronta."

A neurociência nos ensina que somos hoje a consequência do passado que imaginamos e que a imaginação de hoje vai definir nosso futuro. Mas não é simplesmente imaginar: é imaginar e se movimentar para que as coisas aconteçam. Eu não acredito em destino; acredito que nasci assim e não vou ser sempre assim e isso me faz pensar e me movimentar o tempo todo.

Por fim, frutifique na vida do outro. As árvores não dão frutos para si próprias; elas dão fruto para alimentar o homem e os pássaros. Transborde na vida das pessoas e o dinheiro será certamente uma consequência.

TERCEIRO PILAR

O terceiro pilar é a saúde. Durante meu tratamento, os médicos disseram que meu corpo aguentou tudo aquilo porque eu era uma pessoa saudável. Disseram ainda que só foi possível fazer os enxertos de pele porque eu não fumava, pois a pele de um fumante não se regenera.

Na nossa casa sempre nos alimentamos bem e fizemos exercícios. Veja a importância de cuidar da saúde; vai além de ter um corpinho bonito.

QUARTO PILAR

O quarto pilar é a espiritualidade. Minha fé sempre foi inabalável, e algumas coisas extraordinárias aconteceram naquele dia. Foram muitos pequenos milagres que, somados, correspondem ao milagre da minha vida. Eu poderia escrever um livro inteiro sobre esses milagres, mas vou me ater a apenas dois.

O fogo pegou no meu rosto e eu fechei os olhos. Fiquei sem nenhum pelo nos cílios e nas sobrancelhas; a pálpebra também se queimou e, na ocasião, eu estava de lente de contato. A NR 34 proíbe o uso de lentes de contato nos trabalhos chamados "a quente", pois podem causar danos à visão em decorrência do calor, agora imagine com fogo queimando tão próximo. Deus me poupou da cegueira.

Depois, não sei se foi apenas um milagre. Recebi como um sinal de Deus, que me dizia que tudo ia dar certo. O fogo queimou todo meu antebraço e mão esquerda. Eu tenho uma tatuagem de Nossa Senhora Aparecida no carpo, a qual ficou intacta.

Com uma tragédia muitas bençãos vêm junto, as quais se tornam muito maiores que as dores. Tudo na vida tem um lado bom! Os aprendizados foram imensuráveis e é realmente inacreditável a mulher forte que eu tenho me tornado a cada dia, depois de tudo isso.

Dias atrás, minha filha, que faz faculdade de Psicologia, me disse: "Mãe, esta semana eu tive aula sobre traumas e minha professora disse que quem passa por algum trauma precisa chorar". E completou: "Eu sinto falta de um choro seu, ninguém nunca viu você chorar ou reclamar, você não precisa segurar seu choro, se você sente vontade, deve chorar".

Naquele momento eu parei, olhei para ela e disse assim: "Filha, você sabe, eu fiz várias cirurgias e, por isso, acabei conhecendo quase todos os anestesistas do hospital. Eu fazia procedimentos quase que dia sim, dia não. Em um desses procedimentos, quando entrei no centro cirúrgico, o anestesista chegou e beijou meus pés e me disse: 'Obrigado!'. Eu não entendi aquele gesto de carisma e humildade, afinal eu quem deveria estar grata a ele, por estar ali me servindo. Eu deveria agradecer, e não ele, então perguntei por que ele havia agido como tal, e ele respondeu: 'Todos os fins de semana eu vou para a praia com a minha família; é uma tradição de anos, eu não faço mais plantões aos finais de semana. Era um dia de domingo na ocasião, mas esta semana eu falei para minha mulher que eu não poderia sair no final de semana, porque eu teria uma paciente especial, porque você tem transformado a minha vida'. E continuou: 'Quando eu te vejo assim, passando por tudo que está passando, aqui nesta maca, com tantas dores e tanto sofrimento e sempre com este sorriso no rosto, eu passei a me sentir envergonhado por reclamar por tão pouco e passei a agradecer pela vida'."

Em outro momento, muitos ficaram sabendo do meu acidente na cidade de Itajubá, Minas Gerais, onde moram meus pais e a cidade onde nasci. É uma cidade relativamente pequena e, quando a cidade é pequena, vocês já sabem: as notícias se espalham rapidamente. Foi então que um conhecido do meu pai que é ateu o encontrou na rua e disse a ele: "Zé, você sabe, eu não creio em Deus, mas como sei que você é muito religioso, eu tenho rezado pela cura da sua filha".

Então, eu concluí para minha filha: "Se tudo isso que eu passei foi capaz de transformar a vida de pelo menos uma pessoa e foi capaz de fazer um ateu rezar, então eu não tenho por que chorar".

Durante minha internação, recebi uma mensagem de uma amiga dizendo que eu havia sido escolhida por Deus. Naquele momento, eu não entendi aquela mensagem, porque para mim, quando Deus escolhia uma pessoa, era para viver uma vida perfeita e repleta de felicidade. Mas hoje eu posso compreender que Deus escolhe pessoas capazes de superar dores fortes e que se tornam instrumentos Dele aqui na Terra para transformar a vida de outras pessoas. Então, sim, creio que fui escolhida por Deus e sou grata por isso, então não tenho por que me lamentar.

Pessoas chegaram a me perguntar: "Você é tão religiosa... como foi que Deus deixou isso acontecer?". Eu respondia: "Ninguém está livre dos acasos da vida; a diferença é que quem está com Ele passa melhor pelas turbulências". Tem uma frase que diz: "Eu pedi flores a Deus e Ele me deu chuva, pois sem a chuva as flores não crescem".

Devemos acolher cada desafio com gratidão, pois são eles que nos moldam e nos tornam mais fortes. Mesmo nas tempestades Deus está preparando algo de bom. Eu confio nos planos de Deus para minha vida e para a vida da minha família! Mesmo não sendo fáceis, a fé torna as coisas possíveis.

Andre Agassi, famoso ex-tenista norte-americano, disse em uma entrevista: "A vida é um presente de Deus. O que você vai fazer dela é o seu presente para Deus".

São estes os quatro pilares que nos dão estabilidade: força e equilíbrio para enfrentar qualquer tempestade da vida.

João Maxwell tem uma frase que diz assim: "A vida é 10% do que acontece comigo e 90% de como eu reajo a isso".

No dia em que eu cheguei do hospital, meu filho me abraçou e disse: "Mãe, eu amo pessoas com cicatrizes porque elas têm história para contar".

Confie sempre nos planos de Deus para sua vida e faça o que tem que ser feito! Eu amo uma frase que diz assim: "Coloque o pé e Deus vai colocando o chão".

Desejo que você, assim como eu, possa construir seus pilares e que eles possam te sustentar para enfrentar com gratidão os desafios da vida e alcançar o sucesso!

Agora vou encontrar meu marido para um almoço delicioso: comer o melhor *king crab* da Califórnia, na Crab House, no Pier 39, e, depois, vou observar os leões-marinhos!

CAPÍTULO 23

Nutrição sem modismos

Promovendo a saúde da mulher por meio de hábitos alimentares conscientes

Nutricionista, idealizadora do movimento Nutrição Sem Modismo, mestre e doutora em Ciências Aplicadas à Cardiologia pela Universidade Federal de São Paulo (Unifesp). Especialista em Nutrição Clínica, Cardiologia e pós-graduada em Nutrição Esportiva. É coordenadora-geral do Departamento de Nutrição da Sociedade de Cardiologia do Estado de São Paulo (biênio 2024-2025), e também assessora do Departamento de Aterosclerose da Sociedade Brasileira de Cardiologia, atuando na criação de atividades científicas sobre nutrição e esporte (biênio 2024-2025). CEO das marcas Nutrir Corphus e Nutrir Company, e autora do livro *Nutrição em cardiologia*.

VALÉRIA ARRUDA MACHADO

Contatos:

www.nutrircorphus.com.br
valeria.machado@nutrircorphus.com.br
Instagram: @valeriamachadonutri
11 99980 6295

Neste capítulo, a Dra. Valéria A. Machado destaca a importância da nutrição para a saúde da mulher, abordando os impactos dos hábitos alimentares no bem-estar físico e mental. Ela enfatiza a alimentação equilibrada, baseada em ciência, e alerta sobre os riscos dos modismos. Além de explorar a prevenção de doenças cardiovasculares e a importância do nutricionista na promoção de um estilo de vida saudável.

A nutrição é fundamental para a saúde humana, e seu impacto na saúde da mulher é amplificado pelas especificidades biológicas e hormonais que as mulheres experimentam ao longo da vida. As escolhas alimentares podem influenciar diretamente o bem-estar físico, emocional e mental das mulheres, sendo cruciais na prevenção de doenças crônicas, como doenças cardiovasculares, diabetes tipo 2, cânceres e doenças autoimunes. No entanto, abordagens alimentares muitas vezes adotadas com foco em modismos e dietas restritivas, podem prejudicar a saúde no longo prazo. A nutrição sem modismos, respaldada em evidências científicas, é uma abordagem que prioriza a individualidade e o equilíbrio nutricional, respeitando as necessidades específicas de cada fase da vida da mulher.

A IMPORTÂNCIA DA NUTRIÇÃO NA SAÚDE DA MULHER

A mulher passa por várias fases e transformações ao longo da vida: puberdade, idade fértil, gravidez, pós-parto, menopausa e pós-menopausa. Cada uma dessas fases apresenta necessidades nutricionais específicas, e a nutrição desempenha um papel vital na manutenção da saúde física e mental.

1. **Puberdade e idade fértil:** durante a adolescência e a fase reprodutiva, a mulher experimenta mudanças hormonais significativas que influenciam a composição corporal, a saúde óssea e o sistema cardiovascular. A nutrição adequada, com ênfase no consumo de alimentos ricos em cálcio, ferro e vitaminas, é essencial para o desenvolvimento e a manutenção da saúde óssea e para a prevenção de deficiências nutricionais. Além disso, o consumo adequado de ácido fólico é fundamental para mulheres em idade fértil, especialmente para aquelas que desejam engravidar.
2. **Gravidez e pós-parto:** a gestação é um período de grandes mudanças no corpo feminino, e uma nutrição adequada é fundamental para o bem-estar da mãe e do bebê. A ingestão adequada de folato,

ferro, cálcio e ácidos graxos essenciais (como o ômega-3) tem implicações diretas no desenvolvimento fetal. A amamentação, por sua vez, demanda um reforço nutricional para garantir a qualidade do leite materno e a recuperação pós-parto da mulher.

3. **Menopausa e pós-menopausa:** durante a menopausa, há uma redução na produção de estrogênio, o que pode afetar a saúde cardiovascular e óssea. A nutrição desempenha um papel fundamental no manejo de sintomas como ondas de calor e alterações de humor. O aumento da ingestão de alimentos ricos em fitoestrógenos, como a soja e suas variantes, pode auxiliar na modulação desses sintomas. Além disso, a ingestão de cálcio e vitamina D é essencial para a prevenção da osteoporose.

O IMPACTO DAS GORDURAS SATURADAS NAS DOENÇAS CARDIOVASCULARES FEMININAS

As doenças cardiovasculares (DCV) são a principal causa de morte entre as mulheres, e um dos maiores fatores de risco para o desenvolvimento dessas condições é a alimentação. O consumo excessivo de gorduras saturadas está diretamente associado ao aumento do colesterol LDL (o colesterol "ruim"), que pode levar ao acúmulo de placas nas artérias e ao desenvolvimento de aterosclerose, condição que pode culminar em infarto e acidente vascular cerebral (AVC).

O *Posicionamento sobre o consumo de gorduras e saúde cardiovascular* – 2021, da Sociedade Brasileira de Cardiologia (SBC), reforça a necessidade de limitar a ingestão de gorduras saturadas a no máximo 10% do total de calorias diárias. Para mulheres, isso significa reduzir o consumo de alimentos ricos em gorduras saturadas, como carnes processadas, laticínios integrais e frituras, e aumentar a ingestão de gorduras insaturadas, que são benéficas para o coração e podem ser encontradas em alimentos como azeite de oliva, abacate, castanhas e peixes oleosos.

NUTRIÇÃO SEM MODISMOS: UMA ABORDAGEM BASEADA EM EVIDÊNCIAS

A nutrição sem modismos vai além das dietas da moda, que frequentemente prometem resultados rápidos, mas que não são sustentáveis ou, muitas vezes, podem ser prejudiciais à saúde. Dietas como a cetogênica ou a *low carb*, por exemplo, podem ser eficazes a curto prazo, mas a longo prazo muitas vezes resultam em desequilíbrios nutricionais e prejuízos ao metabolismo. Essas dietas restritivas não são adaptáveis às necessidades específicas de cada mulher e podem comprometer o funcionamento de órgãos vitais e a saúde mental. Elas podem ser prescritas em algumas condições clínicas específicas, mas devem ser acompanhadas por profissionais especializados.

A abordagem sem modismos prioriza uma alimentação equilibrada, personalizada e que atenda às necessidades individuais. A escolha dos alimentos deve ser baseada em princípios científicos sólidos, levando em consideração fatores como a qualidade dos alimentos, a biodisponibilidade dos nutrientes e o impacto na saúde a longo prazo.

A individualização da nutrição é um princípio fundamental, especialmente quando se trata da saúde da mulher. Um nutricionista qualificado é capaz de avaliar as necessidades nutricionais de cada mulher e elaborar planos alimentares que considerem não apenas a prevenção de doenças, mas também o bem-estar geral, o controle do peso e o manejo de condições específicas, como síndrome do ovário policístico (SOP), endometriose e pós-menopausa.

O PAPEL-CHAVE DO NUTRICIONISTA NA PROMOÇÃO DA SAÚDE

O nutricionista desempenha um papel fundamental na educação e orientação das mulheres em relação à alimentação saudável. Ao contrário das soluções rápidas propostas pelos modismos alimentares, esse profissional oferece um acompanhamento contínuo e uma visão holística da nutrição, considerando as condições de saúde de cada mulher, suas preferências alimentares e seu estilo de vida.

O trabalho do nutricionista vai além da elaboração de cardápios. Ele também envolve a promoção de mudanças comportamentais, a identificação de padrões alimentares inadequados e a busca por alternativas alimentares que atendam às necessidades de saúde de longo prazo. A educação nutricional, fornecida de forma clara e acessível, é um dos pilares para garantir que as mulheres adotem hábitos alimentares saudáveis e sustentáveis.

A IMPORTÂNCIA DO ESTILO DE VIDA INTEGRADO À ALIMENTAÇÃO

Adotar hábitos alimentares saudáveis é apenas uma parte da equação. Para a promoção da saúde integral da mulher, também é essencial considerar o estilo de vida. A prática regular de atividade física, o gerenciamento do estresse e o sono de qualidade são fatores determinantes para a prevenção de doenças cardiovasculares e outras condições crônicas.

A combinação de uma alimentação balanceada com um estilo de vida ativo e saudável potencializa os efeitos positivos sobre a saúde cardiovascular e geral da mulher. Mulheres que mantêm um peso saudável, praticam exercícios regularmente e controlam o estresse têm menor risco de desenvolver doenças cardíacas, diabetes e outros problemas de saúde.

CONCLUSÃO

A nutrição sem modismos é a chave para uma vida saudável e equilibrada. Para as mulheres, essa abordagem é ainda mais importante, pois os desafios alimentares e hormonais são únicos em cada fase da vida. Ao priorizar escolhas alimentares baseadas em evidências científicas, evitar as armadilhas dos modismos e contar com o apoio de um nutricionista qualificado, as mulheres podem melhorar sua saúde, prevenir doenças e alcançar um equilíbrio físico e emocional duradouro. O papel da mulher na sociedade moderna é multifacetado, e investir na sua saúde por meio da alimentação é um passo essencial para garantir uma vida plena e saudável.

REFERÊNCIAS

BRASIL. Ministério da Saúde. *Guia alimentar para a população brasileira*. 2014.

MANCINI, M. C.; SILVA, M. A. A. Impacto da nutrição nas doenças cardiovasculares femininas. *Revista Brasileira de Nutrição*, v. 33, n. 2, p. 92-99, 2020.

ORGANIZAÇÃO MUNDIAL DA SAÚDE. *Fatores de risco para doenças cardiovasculares em mulheres*. Relatório técnico. 2020.

SOCIEDADE BRASILEIRA DE CARDIOLOGIA. Posicionamento sobre o consumo de gorduras e saúde cardiovascular – 2021. *Arquivos Brasileiros de Cardiologia*, v. 116, n. 1, p. 160-212, 2021.

CAPÍTULO 24

Avanços em cirurgia plástica e principais técnicas

Formado em Medicina pela Universidade Federal de Pernambuco – UFPE (1981), mestre em Cirurgia Plástica e Reparadora pela Universidade Federal de São Paulo – UNIFESP (1999). Recebeu vários títulos de honra ao mérito ao longo da carreira, tendo sido prestigiado pelo Rotary Club de São Paulo pelo trabalho desenvolvido em campanha de prevenção e detecção do câncer de mama. Hoje, atua como cirurgião plástico em sua própria clínica, em São Paulo – SP.

DR. WANDEMBERG BARBOSA

Contatos:

drwandembergbarbosa.com.br
dr.wandem@clinicawb.com.br
Instagram: @drwandembergbarbosa
11 95556 2770
11 96582 2308

A cirurgia plástica avançou com novas tecnologias e técnicas como *lifting* facial minimamente invasivo, mamoplastia com implantes modernos, lipoenxertia, e técnicas modernas de abdominoplastia e lipoaspiração assistida por laser e ultrassom. A reconstrução mamária recebe atenção, com destaque para o uso de retalhos autólogos, implantes avançados e bioimpressão 3D, melhorando a qualidade de vida.

A cirurgia plástica tem evoluído significativamente nas últimas décadas, impulsionada por inovações tecnológicas, avanços em materiais biocompatíveis e aprimoramento das técnicas cirúrgicas. Esses progressos permitem oferecer resultados mais naturais, seguros e personalizados. Neste capítulo, abordaremos os principais avanços e técnicas utilizadas em procedimentos de face, mama, abdômen e lipoaspiração, com ênfase na segurança e no bem-estar dos pacientes.

HISTÓRICO

A cirurgia plástica evoluiu significativamente desde suas origens na Antiga Índia, com Sushruta, que introduziu técnicas de reconstrução nasal baseadas em retalhos de pele. Grandes avanços ocorreram no século XX, especialmente após a Primeira Guerra Mundial, quando técnicas reconstrutivas foram refinadas para tratar soldados feridos, lideradas por pioneiros como Harold Gillies.

No século XX, a cirurgia plástica expandiu-se para o campo estético, graças à anestesia mais segura e técnicas avançadas. A década de 1960 trouxe uma revolução, com implantes de silicone para aumento mamário, e o botox, nos anos 1990, abriu caminhos para o rejuvenescimento facial não invasivo. O crescimento das redes sociais também popularizou os procedimentos estéticos.

CIRURGIA DE FACE

Os procedimentos faciais são amplamente procurados para corrigir sinais de envelhecimento, melhorar a harmonia facial e tratar condições específicas.

Um exemplo de inovação é o *lifting* facial minimamente invasivo, que utiliza fios de sustentação, combinados com tecnologias de energia como ultrassom microfocado e radiofrequência, que reduzem a necessidade de cortes extensos e aceleram a recuperação.

Outra técnica que ganhou notoriedade nos últimos anos é a *deep plane lifting*, onde há um reposicionamento dos tecidos profundos da face, como o sistema músculo-aponeurótico superficial (SMAS), sem tensionar excessivamente a pele. Diferente do *lifting* tradicional, ela atua diretamente nas camadas musculares e gordurosas, permitindo um reposicionamento mais anatômico e natural. Esse método é particularmente eficaz na correção da flacidez do terço médio da face, na definição da linha da mandíbula e na melhoria do contorno cervical.

O procedimento se dá pelo descolamento da pele até alcançar as estruturas profundas, onde realiza o reposicionamento do SMAS e demais tecidos em suas posições originais. Isso não apenas promove um rejuvenescimento tridimensional, mas também preserva a aparência natural do paciente. Por trabalhar nas camadas mais profundas, os resultados são mais duradouros, podendo permanecer visíveis por dez a 15 anos, além disso, minimiza a tensão sobre a pele, reduzindo cicatrizes perceptíveis e acelerando o processo de cicatrização.

CIRURGIA DE MAMA

Os procedimentos voltados às mamas abrangem desde a mamoplastia de aumento até a reconstrução mamária, com diversos avanços significativos nos últimos anos.

Podemos citar a modernização dos implantes mamários agora feitos de silicone coesivo, oferecendo maior segurança e durabilidade, minimizando o risco de rupturas. Além disso, apresentam formatos anatômicos que garantem resultados estéticos mais naturais e personalizados, ajustando-se às necessidades individuais de cada paciente.

Em relação às mamoplastias de aumento, além de utilizarem essas próteses de última geração, elas podem ser combinadas com mastopexias para corrigir a flacidez e melhorar o posicionamento das mamas. As técnicas personalizadas consideram fatores como tipo, formato, tamanho e grau de ptose mamária, bem como o tipo de pedículo areolopapilar (superior, inferior, lateral, medial ou central) e as abordagens para a ressecção glandular. Essa atenção aos detalhes possibilita resultados mais harmônicos, considerando também a escolha das cicatrizes finais, que podem variar entre os formatos "T" invertido, periareolar, vertical ou em L.

Desenvolvi uma técnica pessoal para colocação de prótese mamária de maneira rápida e segura, chamada *fast and low risk,* que é um conceito de implementação de implantes mamários no plano subfascial, em que a paciente recebe anestesia local e sedação. Essa técnica apresenta vantagens como menor tempo de centro cirúrgico, diminuição dos custos, menos complicações pós-operatórias e recuperação mais rápida.

As mamoplastias redutoras também evoluíram com o uso de retalhos dermoglandulares, como os de pedículo inferior ou superior, que preservam a vascularização do complexo areolopapilar e garantem melhores resultados estéticos. Novas técnicas, como a abordagem em L ou "*round block*", reduzem o impacto visual das cicatrizes, tornando o pós-operatório mais satisfatório para os pacientes.

Atualmente, muitos cirurgiões optam pela lipoenxertia, que emprega gordura autóloga para ampliar o volume e corrigir assimetrias mamárias, eliminando o uso de materiais sintéticos. Essa técnica tem sido frequentemente utilizada em procedimentos estéticos e reconstrutivos, mostrando-se como uma alternativa versátil e confiável.

CIRURGIAS ABDOMINAIS

Os avanços na abdominoplastia e na lipoaspiração elevaram os padrões de segurança, eficácia e personalização dos resultados, tornando essas técnicas essenciais para o remodelamento corporal.

A abdominoplastia evoluiu com abordagens inovadoras, como a abdominoplastia de alta definição, que combina remoção de gordura e escultura muscular, e a miniabdominoplastia, que é menos invasiva e com menor tempo de recuperação, sendo indicada para casos de excesso de pele localizado abaixo do umbigo, enquanto as técnicas híbridas associam a abdominoplastia à lipoaspiração, oferecendo uma modelagem mais completa da região abdominal. Técnicas híbridas, que associam lipoaspiração à abdominoplastia, oferecem uma modelagem mais completa. O reparo avançado da diástase com malhas biológicas tem sido fundamental para corrigir a separação do reto abdominal, frequentemente causada pela gravidez.

Entre as inovações, destaca-se a dorsolipoabdominoplastia, uma variação da abdominoplastia tradicional que combina a remoção de excesso de pele e gordura abdominal com uma abordagem específica na região dorsal (costas e flancos). Essa técnica melhora o contorno corporal, evita acúmulos residuais de gordura e reduz o risco de seroma no pós-operatório.

Outra inovação é a técnica *transverse upper-lower umbilical advancement* (TULUA), que preserva a vascularização da pele abdominal e elimina a necessidade de incisões ao redor do umbigo. Em vez da tradicional transposição umbilical, essa técnica permite mobilizar o umbigo junto com os tecidos ressecados, garantindo um reposicionamento mais natural da pele. Isso reduz cicatrizes visíveis e favorece uma recuperação mais segura.

A abdominoplastia reversa tensionada (ART) é uma técnica inovadora indicada para pacientes com flacidez na parte superior do abdômen, especialmente após grandes perdas de peso. Diferentemente da abdominoplastia tradicional, que remove excesso de pele na parte inferior do abdômen, a ART realiza a ressecção pela região inferior do sulco mamário, tracionando a pele para cima. Esse método garante um contorno mais harmônico e estável, além de reduzir complicações como seromas e cicatrizes alargadas.

Na lipoaspiração, tecnologias como ultrassom e laser redefiniram os padrões de contorno corporal. A lipoaspiração assistida por laser (LAL) emulsifica a gordura com energia fototérmica, reduzindo dor, edema e hematomas, além de estimular a produção de colágeno para uma retração cutânea mais eficiente. Já a lipoaspiração assistida por ultrassom (UAL) fragmenta seletivamente a gordura, preservando tecidos adjacentes, sendo amplamente utilizada para lipoesculturas de alta definição.

Com esses avanços, tanto a abdominoplastia quanto a lipoaspiração se tornaram técnicas sofisticadas, oferecendo resultados naturais, duradouros e adaptados às necessidades individuais dos pacientes.

INOVAÇÕES TECNOLÓGICAS NA CIRURGIA PLÁSTICA

A cirurgia robótica tem revolucionado a cirurgia plástica ao oferecer maior precisão em procedimentos minimamente invasivos, especialmente em microcirurgias, reconstruções mamárias e abdominais, transplantes capilares e cirurgias maxilofaciais. Seus benefícios incluem estabilidade aprimorada, eliminação de tremores, movimentos micrométricos e visualização ampliada em 3D. No entanto, desafios como alto custo, necessidade de treinamento especializado e ausência de feedback tátil ainda limitam sua adoção.

O futuro da cirurgia plástica também está sendo impulsionado por tecnologias como realidade aumentada, impressão 3D e inteligência artificial. A realidade aumentada auxilia no planejamento cirúrgico, a impressão 3D possibilita a criação de próteses e moldes personalizados, e a inteligência artificial aprimora a personalização dos tratamentos e a previsão de resultados.

Na medicina regenerativa, o uso de células-tronco e biomateriais promete avanços na cicatrização e redução do tempo de recuperação. Essas inovações consolidam a cirurgia plástica como uma área de vanguarda, promovendo mais segurança, eficácia e personalização nos procedimentos.

RECONSTRUÇÃO MAMÁRIA EM PACIENTES ONCOLÓGICAS

O câncer de mama é o mais comum entre as mulheres no mundo, trazendo impactos físicos, emocionais e sociais. A mastectomia, essencial para o controle da doença, pode comprometer a autoestima e a qualidade de vida das pacientes, tornando a reconstrução mamária um elemento fundamental do tratamento. Além de restaurar a aparência, essa abordagem melhora o bem-estar psicológico e social das mulheres que enfrentam a doença.

As cirurgias para remoção do câncer podem ser conservadoras, preservando parte da mama, ou radicais, removendo completamente o tecido mamário. A escolha depende da extensão da doença e da viabilidade da reconstrução. Historicamente, a mastectomia radical de Halsted, introduzida no século XIX, foi um marco, mas resultava em deformidades severas. Com o avanço da medicina, surgiram técnicas menos invasivas, como a quadrantectomia e a mastectomia poupadora de pele, facilitando a reconstrução mamária. Na década de 1960, os implantes de silicone possibilitaram as primeiras reconstruções modernas, seguidos pelo retalho TRAM nos anos 1970 e pelo retalho DIEP em 1989, que trouxe benefícios ao preservar o músculo abdominal e reduzir complicações.

Os retalhos autólogos, que utilizam tecidos da própria paciente, tornaram-se uma opção eficaz para reconstrução, destacando-se o TRAM, que utiliza pele, gordura e músculo do abdômen, embora possa causar fraqueza muscular e hérnias; o DIEP, que preserva a musculatura abdominal e proporciona resultados mais seguros; o retalho do grande dorsal (LD), que usa tecido das costas e pode ser combinado com implantes; e os retalhos perfurantes (SGAP, IGAP e femoral profunda), indicados para pacientes sem tecido abdominal disponível. Paralelamente, a reconstrução com implantes evoluiu significativamente, incorporando técnicas como expansores teciduais para criar espaço antes da prótese definitiva, matrizes dérmicas acelulares (ADMs) para melhorar suporte e estabilidade, lipoenxertia associada para refinar o contorno e implantes de silicone coesivo, que oferecem mais segurança e adaptação estética.

A tecnologia tem desempenhado um papel essencial na reconstrução mamária, com inovações como imagens 3D para planejamento cirúrgico preciso, bioimpressão 3D para moldes biocompatíveis e microcirurgia avançada que amplia as possibilidades de reconstrução autóloga. O futuro da reconstrução mamária segue promissor, com o desenvolvimento da medicina regenerativa e o uso crescente de inteligência artificial, proporcionando procedimentos mais seguros, eficazes e personalizados, garantindo uma melhor qualidade de vida para as pacientes.

REFERÊNCIAS

AWAD, L. *et al.* The emerging role of robotics in plastic and reconstructive surgery: a systematic review and metaanalysis. *Journal of robotic surgery*, v. 18, n. 1, p. 254, 15 jun. 2024. Disponível em: https://doi.org/10.1007/s11701-024-01987-7. Acesso em: 11 mar. 2025.

BARBOSA, W. de M.; PEREIRA, C. J.; BARBOSA FILHO, W. de M. Fast and low risk: um novo conceito na implementação de implantes mamários. *Caderno Pedagógico*, [S. l.], v. 21, n. 12, p. e10656, 2024. Disponível em: https://doi.org/10.54033/cadpedv21n13-151. Acesso em: 11 mar. 2025.

BOGGIO, R; CALAZANS, D (eds.). *A cirurgia plástica em capítulos*: tronco. v. 2. Rio de Janeiro: DOC, 2021. 842 p.

DAHER, J. C.; *et al.* Reconstruções mamárias: análise evolutiva das técnicas e estado da arte atual. *Revista Brasileira de Cirurgia Plástica*, v. 37, n. 2, p. 260-267, 2022.

MOTTA, R. P. Lipoaspiração laser-assistida de alta definição. *Revista Brasileira de Cirurgia Plástica*, v. 33, n. 1, p. 48-55, 2018.

REMAILI, N. R. *et al.* Qualidade de vida de pacientes mastectomizadas: uma revisão integrativa. *Brazilian Journal of Health Review*, [S. l.], v. 6, n. 3, p. 12439-12447, 2023. Disponível em: https://doi.org/10.34119/bjhrv6n3-315. Acesso em: 11 mar. 2025.

SEIDEL, W.; GARCIA, C. P. Uso de Vaser® mais lipoaspiração na cirurgia do contorno corporal. *Revista Brasileira de Cirurgia Plástica*, v. 35, n. 2, p. 161-167, abr. 2020.

TOMITA, K.; KUBO, T. Recent advances in surgical techniques for breast reconstruction. *International Journal of Clinical Oncology*, v. 28, n. 7, p. 841-846, 2023.